オーロラの下、北極で働く

文・写真 松下隼士

はじめに

生命を寄せ付けない、過酷な環境と知られる「極地」。そんな場所で生活を送り、仕事を続けている人たちがいます。かつて、私もその一人でした。南極地域観測隊の隊員として第五十五次の夏隊へ参加し、日本に一時帰国の後、再び第五十六次の越冬隊として南極へ。そして、帰国して三年後に、私は北極へ向かうことになりました。

研究者の観測を支援するため何度も極地へ行きましたが、自然科学の研究業界では珍しい話ではありません。私の周りには極地へ行った経験のある人が多く、この業界は突き詰めると極地へ行きつくのかと思うほどです。

「極地という場所は私の仕事の延長線上に存在していた。」極地へ行くことになったきっかけを人に聞かれると、表向きにはそのように答えますが、果たして最初のきっかけは何だったのか、私自身、実は長らくわからないままでした。

ちょうど、この本の執筆を始めた頃、実家の片付けをしているとダンボール箱から古い本が出てきました。研究者であり科学作家でもあるアイザック・アシモフが一九七九年に出版した子ども向けの科学本シリーズで、私が小学生の頃に両親から買ってもらったものです。古本独特の甘い匂いを感じながら本の束を取り出すと、アデリーペンギンのイラストが描かれた『南極ってなに？』という一冊に目が留まりました。ページを開くと、見覚えのあるイラストや文章が並び、「極地」に対して初めて感じた憧憬が、当時からインプットされていたことに気付いたのです。「見たことがないものを見たい」というその感情は、社会人になって観測の仕事を始めるずっと前から、私の人生の線上にそっと置かれており、私を極地へ向かわせるきっかけになったのだと思います。

本書の舞台は、誰もが知る北極にも関わらず、あまり知られていない北極です。ノルウェーと北極点の間に位置する北極圏のスバールバル諸島に、ニーオルスンという小さな町があります。北極域の研究拠点とされるこの場所には、世界各国の観測施設があり、日本もニーオルスン基地と呼ばれる施設を持っています。南極の昭和基地は映画や書籍の題材にもなっているため有名ですが、ニーオルスン基地という名前は初めて聞く人も多いかもしれません。どちらも、極地を研究するための観測施設であり、私は観測を支援する技術職員として、現地に長期滞在することになりました。

両極の施設は南北の緯度以外に大きな違いがあります。それは、海外の基地が隣接せず、主に日本人が滞在する昭和基地に対し、ニーオルスン基地がある国際観測拠点には、世界各国の人が滞在していることです。観測という目的で、様々なバックグラウンドを持った人が同じ場所で暮らし集団生活を送り、そして、長い年月を経て世代交代が繰り返されると、地球の果ての極地といえども自ずと文化が生まれます。それは、外界から隔てられた環境のせいか、南極と北極で共通する特殊性があり、私が「極地カルチャー」と呼んでいるものです。そして、ニーオルスンでは、その土地が歩んできた歴史から、様々な要素が加わり、さらに独特の文化が生まれています。

本書は、私が現地で過ごした情景を綴ったものであり、仕事として携わったニーオルスンの観測についてはあまり書かれていません。というのも、原文は私が毎日書いていた日記をまとめたものだからです。職場宛に業務報告を中心とした日報を送っていたためか、この日記には、私が北極で実際に見たり聞いたりして感じたことが多く残されていました。徒然なるままに北極を描写した本書から、見たことのない「ニーオルスン」、そして、聞いたことのない「極地カルチャー」を感じ取って頂ければ幸いです。

目次

[本書の表記について]

◯国立極地研究所が有するニーオルスン基地を「日本の観測所」と表記し、統一しています

◯英語、またはノルウェー語のカタカナ表記は、著者が当てたものであり、実際の発音や国立極地研究所の指定する表記と異なる箇所があります

◯掲載している情報は、滞在当時のものです

序文

二〇一五年十一月五日、南極。二泊三日の野外調査を終えて、南極大陸のスカルブスネスから昭和基地に向けて雪上車を走らせる。快晴の中、凍った海原を走るのは気持ち良いが、ただただ白く単調な風景が続くので時折眠気に襲われる。ヒーターと窓から入る日差しで車内は心地良い温度となり、うつらうつらしていると、急に前方の雪上車が止まり、後続の私達も停止した。無線機から、「ペンギン通過のため停止」の声が流れる。助手席のドアを開け、サイドステップに足をかけて背伸びすると、先頭の雪上車の前に四羽のアデリーペンギンが立ち往生しているのが見えた。彼らは物珍しそうにこちらを見て、黒い翼を上げ下げしている。右手を見ると雪に覆われていない茶色の露岩域に、おびただしい数の白と黒の生き物が集まっていた。一目でペンギンのルッカリー（営巣地）とわかった。おそらく、この四羽はこれから餌を探しに行くのだろう。ペンギン達は人間に見飽きたのか、体勢を腹這いに変えて、氷が割れているであろう方向へ一列になって滑り去っていった。

それから四年後の二〇一九年十一月五日、オスロ。私は国立極地研究所（極地研）の技術職員として北極へ向かっていた。目的地は北欧ノルウェーより北に位置するスバールバル諸島の「ニーオルスン」。南極で越冬していた頃は、四年後に地球の反対側の北極へ来るとは全く想像していなかったが、私自身の「極地の原点」へ戻ったと言えるかもしれない。人生で最初に訪れた極地は、海洋地球研究船「みらい」で訪れた北極。観測技術員として北極海の観測航海に乗船し、毎日のように生化分析室で海水を分析していた日々を思い出す。ワッチ（当直）終わりに窓のない分析室から上甲板へ上がると、周囲には白い海氷が無限に広がっていた。船が通過した後に残る氷の割れ目から、底の見えない真っ黒な海が現れ、白い海氷上に黒い道ができているかのように見える。「ルート66」のようなまっすぐな航跡が、鉛色の空に同化するまで続く不思議な光景は、十年以上経った今でもはっきりと記憶に刻まれている。極地という環境では、人間の感受性が研ぎ澄まされ、「感動」「驚嘆」「恐怖」といった感情が記憶に強く刻まれることを知っている。これから向かうまだ見ぬニーオルスンでも、「何か」が私の記憶に強く刻まれることは間違いない。

1

北極へ向かう

2019.11.5-12.21

太陽との別れ

ノルウェーの首都、オスロ。成田空港を出発して十五時間が過ぎ、靴の中はむくんだ足で熱くなっていた。同行する日本の研究者達とオスロ空港に隣接したホテルで遅い夕食をとった。明日はノルウェー北部にあるトロムソへ移動して一泊。その後、北極圏にあるスバールバル諸島最大の島、スピッツベルゲン島のロングイヤービンで一泊し、最終目的地のニーオルスンまで飛行機で向かう。極地へ行くのに全旅程で飛行機を使うのは初めてだ。食事をしつつ、時差ボケで涙目になった眼をこすりながら、観測船に乗船していた頃を思い返した。日本から船で極地へ向かう場合も、もちろん時差は避けられない。航海中の時刻改正により、地球を西回りすると一日が二十五時間、東回りすると一日が二十三時間というように、一日の長さが一時間ずつ変化する。時刻改正の時間に中央制御されている船舶時計を見ていると、長針が高速で動き始めるので、短時間のタイムトラベルをしているような不思議な気分になる。一日一時間ずつ時刻を調整してくれる船のほうが、時差ボケにならず楽だなと思いながら、口の周りに付いたパスタソースをナプキンでぬぐった。

オスロに到着した翌日、午前中にオスロ空港からトロムソ行きの飛行機に搭乗した。離陸すると眼下の風景は、やがて市街地から雪山へと変化していき、景色を楽しむ乗客がそろって窓に額をくっつけている。樹木が生えていない雪山が航路の下に延々と続き、飛行機がノルウェーを南北に走るスカンジナビア山脈に沿って北上していることがわかった。トロムソ空港へ着陸する機内放送が流れるまで、私も他の乗客と同じように、窓に額を押し当てて見飽きることのない景色を見続けた。空港を出てトロムソ市街のホテルにチェックインし、研究者達と外で夕食をとった帰り道、夜空を見上げると、筋雲と見間違うかのような、かすかなオーロラが出ていた。南極観測隊員の言う、オーロラ爆発で見られる「大ロラ」ではなく、「小ロラ」であったが、久々に見るオーロラに、街灯のない道端でしばらく足を留めた。

翌朝、ホテルで目を覚ますと、時刻はまだ午前三時。オーロラが出続けていることを期待して、ベッドからカーテンに手を伸ばし空を仰いだが、夜空には何も見えなかった。時差ボケのせいか一度目が覚めると眠れなくなり、二度寝を諦めてノートパソコンを開く。日本はオンタイムの午前十一時。次々に届くメールをチェックしながら、昨日、現地の管理会社から届いたメールをもう一度クリックした。明日搭乗予定だったニーオルスン行きのフライトが今日に変更されたとのこと。文面には「Due to bad weather（悪天候のため）」の文字が並んでいる。当初はロングイヤービンまで移動して一泊する予定だったが、日程が一日前倒しになり、今日の夕方には目的地のニーオルスンへ到着することになった。極地の天気が変わりやすいことは経験上よく知っているので驚かないが、出発前に予約したロングイヤービンのホテルはキャンセル料が発生するだろう。ダメ元とわかりながらも、天候影響で宿泊がキャンセルになったとホテルへメールを打った。

結局、仕事をしているうちに夜空は明るくなり、朝食まで時間があるので外を散歩することにした。茜色と青色が混ざった夜明け前の空と、雪に覆われた青白い道路。アイスバーンになった歩道に、足を垂直に下ろして注意深く歩く。目的地を決めないまま、三角屋根の建物が並ぶ商店街を抜けて、潮の匂いに誘われるように海へ向かった。港の近くまで行くと、建物に囲まれた小さな広場にポツンと銅像が建っている。緑青で青みがかった像の頭には、雪が三角帽のように積もり、一見するとサンタクロースに見えた。誰も歩いていない雪の上に道を作りながら像へ近づくと、土台の銘板に「Roald」の文字が見え、極地探検家のロアール・アムンセンだとすぐにわかった。人類で初めて南極点へ到達し、最後は北極で消息を絶ったノルウェーの探検家。タイミングよくオスロ行きの機内で彼の伝記映画を見たせいか、なんとなく縁があるような気持ちになり、記念に写真を撮ってホテルへ戻った。

チェックアウトを終え、バスでトロムソ空港へ向かう。快晴の空は、時刻にしては太陽の高さが低く、高緯度まで来たことを実感した。搭乗手続きを済ませ、ゲート近くのロビーで太陽が見える場所を探し、大きな窓に近づいて沈みかけた日差しを全身に浴びた。十一月のニーオルスンはすでに極夜に入っており、滞在期間の約一ヵ月半は太陽とお別れだ。ガラスの細かいすり傷でいくつもの光芒が入った斜陽をしっかりと瞼に焼き付け、覚悟を決めて改札機へ向かった。

氷点下の記憶

ロングイヤービン行きの機内はラフな格好をした学生のような乗客が多い。何か特別な目的を持って北極へ向かっているわけでなく、ノルウェー本国からロングイヤービンの自宅へ帰るかのように見える。一時間ほどのフライトでロングイヤービン空港へ到着し手荷物受取所へ向かうと、コンベアーの高台で四つん這いになったホッキョクグマの剥製が出迎えてくれた。荷物をピックアップし、ニーオルスン行きの飛行機へ乗り換えるため、同行する研究者の後について空港の外へ出る。皮膚が突っ張るような冷気が顔に触れ、ついに北極圏へ入ったことを肌で感じた。建物に沿って作られた金属格子の通路を、キャリーバッグの車輪の音をガラガラと響かせながら歩く。空港のターミナルに隣接した建物へ到着し、関係者用にしか見えないドアを開けると、飛行機の格納庫へ出た。初見ではわかりづらい場所にあるので、一人で来たらたどり着けなかっただろう。前の人にならってカウンターにある重量計に荷物を載せる。ニーオルスン行きの荷物は、手荷物を含めて二十キログラムと決まっており、重量が超過した場合は追加料金が必要だ。小さな手荷物のバッグにはモバイルバッテリーやカメラレンズといったものがぎゅうぎゅうに詰まっており、サイズの割に重い。私からは重量の表示が見えず、妙な緊張感が走ったが、職員から何も言われないので、荷物は重量内に収まったようだ。

荷物を預けて二階の待合室へ上がると、入り口のドアには、ライブハウスのように海外の大学や研究機関のロゴステッカーがぎっしりと貼られており、知っている研究機関のロゴがいくつか目に入った。待合室には、これからニーオルスンへ向かうであろう人々がソファーに座っている。この飛行機は、原則として研究目的や現地で働く人しか搭乗ができない。彼らは、仕事で顔を合わせる関係者に間違いないが、人見知りが出て声をかけるのに躊躇してしまった。

日本が夜を迎え、返信するメールもなくなったので、搭乗までの待ち時間に外へ出ることにした。まだ午後二時過ぎというのに、極夜の昼は夜となり空は青黒い。駐車場が見える道路へ出ると、主要都市までの距離が書かれた道標が建てられていた。一般的な道標は道の分岐点に設置され方向と距離を示すことが多いが、ここでは訪れた人が北極に来たことを実感するための標識と言えるだろう。昭和基地にも道標があったことを思い出しながら近づくと、上部には「Nordpolen 1309km」の矢印、下部にはクマのシルエットが書かれた赤い三角標識が付けられていた。「Nordpolen」はノルウェー語で北極点のことだろう。真ん中あたりには「Tokyo 6830km」の矢印もある。東京より北極点のほうが近く、すぐには日本へ戻れない場所まで来てしまったことに、後悔にも似たため息が漏れた。

やがて搭乗時間を迎え、小さな飛行機へ乗り込んだ。機体は滑走路を往復すると、両翼に付いたプロペラの轟音が大きくなるにつれてスピードが上がり離陸した。窓から見えるロングイヤービンの街灯りはしだいに小さくなり、真っ暗な闇に呑み込まれていく。何も見えない時間が続き、やがて目が慣れてくると、モノクロとなった景色の中に黒と漆黒の境界線が見え始めた。その境界から先にある漆黒は遥か遠くへ広がっており、それが北極海と認識するまでにしばらく時間がかかった。色や遠近感を失った夜の底に得体の知れないものが見えるのは、おどろおどろしい。

極夜の北極へ向かうのは、「死」へ向かって進んでいるような不思議な気分になる。人間は北と南を目指す人に分かれると何かの本で読んだことを思い出した。南へ行く人間は「生」を求め、北へ向かう人間は「死」を求めているらしい。ここでの南はきっと、青いビーチが広がる南国を指しているのだろう。南国を通り過ぎて南極へ行ってしまった私にとっては、世界は北と南という区分でなく、「極地」と「それ以外」の場所に分かれるイメージしかできない。では、なぜ極地へ何度も行きたくなるのだろうか。きっと「生」の感じられない「死」の世界で、私は自分の「生」を求めているのだと思う。

二十分ほど飛行すると、眼下にぼやっとしたオレンジ色の光が見え始め、しだいに建物の輪郭が見えてきた。川端康成の言う、トンネルを抜けて夜の底が白くなった瞬間が少しわかった気がした。飛行機が大きな衝撃音とともに着陸し、停止すると後ろのハッチが開いた。腰を屈めながら真っ白な滑走路へ降り立つ。人生初となるニーオルスンの空気を目一杯に吸い込むと、鼻腔を抜ける氷点下の空気が、脳裏に南極の凍りついた光景をフラッシュバックさせた。寒さが痛覚に変わり、空間にある水が全て固体になる極寒の世界。瞼が凍り、瞬きがネバネバと粘着質になる感覚に懐かしさを覚え、ネックウォーマーの下で一人ほくそ笑んだ。

何も見えない極夜

到着した飛行機は、私達が降りると入れ替わりで乗客が搭乗し、すぐにロングイヤービンへ向けて飛び立って行った。空港職員の誘導に従って慌ただしく小型バスに乗り込み、どこへ向かっているかわからないまま、数分で「サービスビル」と呼ばれる建物へ到着した。建物へ入り、ホテルのフロントのような綺麗なレセプション（受付）で、茶封筒に入った部屋の鍵を受け取る。バスが牽引していたトレーラーから荷物を回収し、皆でサービスビルの近くにある赤色の建物へ向かった。この建物に日本の観測所があり、今日から仕事と生活の拠点となる。玄関ポーチの階段を上がってドアを開けると、目の前にはＩＫＥＡのモデルルームのような北欧風の白いリビングが広がっていた。今まで訪れたことがある観測所とは全く似つかず、おびただしい数の観測機器や野外装備はない。ビジネスホテルのような居室に荷物を投げ入れた後、研究者に室内を簡単に案内してもらい、すぐに夕食と聞いて再びサービスビルへ戻った。

サービスビルの玄関で靴を脱ぎ、レセプションの奥にあるクロークルームで脱いだアウターを壁にかけるため、空いている金属フックを探す。蛍光色の派手なアウトドアウェアや膨れたダウンをかき分けて、食後に服を見失わないように、部屋の一番隅のフックに自分のアウターをかけた。クロークルームの洗面台で手を洗いながら、鏡に映る寒さで赤みがかった自分の顔を見る。後ろに並ぶ海外の滞在者と鏡越しに目が合って反射的に会釈した。ふと、海外の建物に入る時、今まで靴を脱いだことがあるだろうかと思った。後に調べると、炭鉱労働者が多かったこの地域では、室内へ入る前に汚れた靴を脱ぐというスバールバル独特の文化があるらしい。もっとも、炭鉱を掘っていない現在では、雪の付いた靴で床が濡れるのを防ぐ目的が大きいかもしれない。内履きのスリッパがないので、フローリングの上を厚手の靴下で滑るように歩きながら、クロークルームのさらに奥にある食堂へ向かった。立ち上がって牙を剥きだした二メートルくらいのホッキョクグマの剥製の前を通り過ぎると、ビュッフェカウンターへ続く列が見えた。食堂は海外機関の滞在員や研究者で賑わっており、お皿を持って並びながら談笑している。ふと厨房の奥にいた男性と目が合ってウインクをされ、また反射的に会釈してしまった。用意されている豪華な料理に、旅行者のように心が浮つき、お皿にノルウェー産であろうサーモンのマリネを多めに盛り付けると、雛が親鳥を探すかのように同行した研究者を追って日本人が集まったテーブルへ向かった。

食事をしながら、今後の観測予定について話が始まった。現地での私の仕事は、研究者の観測支援。ニーオルスンでは様々な自然科学の研究がおこなわれており、研究者達は対象物の時系列変化を捉えるため、モニタリング観測を継続している。時間のかかる観測であるが、研究者がずっと北極に滞在するわけにはいかないため、多くの場合は現地に連続観測機器という自動で稼働する機器を設置している。一方で、完全自動化というのは難しく、複雑なオペレーションや機器トラブルの対応には、どうしても人間の手が必要だ。今までは研究者自身が渡航するか、常駐する海外機関のエンジニアへ依頼していたが、これからは技術職員である私がニーオルスンに長期滞在し、現地の観測を対応することになっていた。昭和基地には、毎年、現地に約一年間滞在して観測を継続する越冬隊員が派遣される。一方でニーオルスンでは、そのような定期的な人員派遣がなく、北極での滞在員の採用は私が初めてと聞いている。採用人数は一人のみで、前任者がいない中で始まった新たな業務。まずは私自身が現地の状況を把握するため、今回は一ヵ月間という短期の出張が組まれていた。明日は屋外作業が予定されていたが、天候は天気予報の通りに悪化して中止となってしまった。同行した研究者は十日間の滞在で帰国してしまうため、複数の観測レクチャーを全て受けられるか日程が心配だ。観測の話を聞きながら窓を見ると、見知らぬ土地で初仕事を迎える私の心境を映しているかのように外は真っ暗で、黒い窓に反射した私の不安げな表情は、まさに暗中模索の真っ只中だった。

極夜が起こす錯覚

スマホのアラームが鳴る前に目を覚まし、すぐに、天井の光景がいつもと違うことに気付く。横浜の自宅ではなく北極にいることを思い出した。出張で現地に着いてしばらくは、目覚めた瞬間にバグが起こり、自分がどこにいるのかわからなくなる。暗い部屋で枕元に置いた腕時計を見てハッとしたが、時刻は午後六時ではなく午前六時。アナログ時計を使うと午前か午後かわからなくなるので、予備として持ってきたデジタル時計をバックから取り出した。南極で極夜を経験した時には朝の目覚めが悪く、日中でも何となく眠気が続くことが多かった。持ってきた荷物を開けて、以前と同様に、クリップ式の照明ライトと通電タイマーを組んで、朝になったら自動点灯するようにセットした。

午前七時半になり、リビングに集まった研究者達と朝食を食べにサービスビルへ向かう。すでにパンはなくなっており、何を取ろうか迷ったまま お皿を両手に抱えてビュッフェ台を一周してしまった。パンの代わりに片隅に並んでいたクリスプブレッドと呼ばれるクラッカー状のパンを何種類か取って、葉野菜と果物でお皿を埋める。昭和基地では、越冬の後半に生鮮野菜が枯渇して、冷凍野菜、水耕栽培したサラダ菜やモヤシをよく食べたものだ。ビュッフェ台のプレート一杯に盛られた生の白菜やカットしたオレンジを見ていると、同じ極地とは思えない。

日本の観測所へ戻ると、研究者達はデスクワークのため各々の居室へ入ってしまった。屋外作業も中止となったので、私も居室で観測機器のマニュアルや依頼業務の確認を始めた。六畳ほどの部屋にはトイレとシャワー、二段ベッドと机、キャスターの付いたオフィスチェアがあり快適に過ごすことができる。しばらく仕事をしていたが、度々足の脛が痒くなり集中力が途切れてしまった。唇もいつのまにか割れていて、口元を動かすと痛みが走る。冬場の昭和基地と同じように、ニーオルスンも建物内の湿度は低いようで、食堂に出しっぱなしにされているクリスプブレッドがいつまでも湿気らないことにも納得できる。脛にワセリンを塗るために脱いだヒートテックの黒いタイツには、剥がれた皮膚片が生地の裏側に張り付いて白くなっていた。

ニーオルスンでの一日目は、居室にこもっていたせいか特段印象に残ることもなく、乾燥との戦いで終わってしまった。極夜で生活していると時間が遅く進んでいるように感じるが、地球は自転を続けており、決して時間が長くなるわけではない。一ヵ月間無駄なく過ごさなければ、時間の感覚が狂ったまま、現地の仕事は遅れていく一方だ。焦りを感じつつも、せめて研究者の滞在中は天候が悪くならないことを祈った。その晩の夕食には、ビュッフェ台にタコスの生地と大盛りの千切り野菜が用意された。私達のテーブルの奥からは、見知らぬ海外の滞在員達の笑い声が賑やかに響いていた。

わからないことだらけの北極

二〇一九年に日本の観測所は「Rabben（ラベン）」という建物から、新築の「Kings Bay Veksthus」という建物に移転した。暖房や上下水道が完備された二階建ての建物には、一階に居室が十部屋、シンクとＩＨクッキングヒーターが備えられた大きなリビングとランドリー、観測機材を保管する倉庫がある。ランドリー前の階段を上ると、白い壁にはノルウェー出身のアーティストによるホッキョクグマの頭蓋骨をモチーフにしたモノクロ画が描かれている。二階には極地研が使用している観測室や実験室があり、テラスは屋外機器の設置可能な観測デッキもある。奥の部屋には何も置かれておらず、これから什器が搬入されて、共用の実験室になると聞いた。日本の使用するスペースと共用スペースが混じったVeksthusは、私達以外の海外機関に所属する人も利用可能だ。

日本の観測所がある場所は、サービスビルを含め多くの建物が集まっており、「Town」、すなわち「町」と呼ばれている。旧観測所のラベンは約一・五キロメートル離れた町の外れにあり、利用経験のある日本の研究者からは、食事の度にサービスビルまで車で通った話や、給水タンクの水がなくなって人を呼んだ話など、不便だった頃のエピソードをいくつも聞いていた。それでも、一人部屋のないラベンでは、利用者が相部屋で過ごしたそうで、合宿所のような当時の楽しい雰囲気が話から伝わってきた。

私が現地で担当する業務は、メインである研究者の観測支援に加え、観測所内の保守業務も含まれている。日本出発前に極地研の担当者から洗濯機の不調を確認してほしいと頼まれており、私達より先に滞在していた研究者へ聞くと、脱水時の振動がひどく設置場所から本体が移動してしまうとのこと。ニーオルスンには、施設やインフラを管理するノルウェーの会社「Kings Bay AS」、通称「KB」の職員が常駐している。取扱説明書を確認してもわからないため、彼らへ相談することにした。極地研から担当者の名前は聞いているが顔がわからず、レセプションの横に貼り付けられた職員の顔写真と役職が書かれたボードを確認する。KBの常駐職員は約二十名おり、ダイレクター（取締役）を筆頭にシェフ、大工、電気工、自動車整備士、港湾や空港の管理者がいる。ボードを頼りに食堂で担当者に声をかけ、観測所まで来てもらうと、洗濯槽を固定する輸送用ボルトが外れていないことがわかった。このような備品の不具合対応から輸送や発注のトラブル対応まで、小さな問題が山積しており、わからないながらも滞在中に一つずつ解決する必要がある。

サービスビルの私書箱に届いた極地研究の郵便物を確認すると、手書きで宛名が書かれた封筒が六通とノルウェー語でタイプされた封筒が三通届いていた。前者の封筒は消印コレクターからの差し出しで、ニーオルスンから返送用の封筒を送ってほしいとの内容。南極でも昭和基地や砕氷艦（さいひょうかん）「しらせ」の消印を求めるコレクターから、隊員宛に郵便が送られてきたものだ。後者のノルウェー語で書かれた封筒の中身は三通とも似たような記載があり、価格らしき数字が並んでいる。ノルウェー語が読めないのでスキャンしてGoogle翻訳にかけると、「スノーモービルの請求書」という言葉が並んだ。ところどころ内容が理解できず、翻訳をお願いしにレセプションへ持っていくと、KBの職員は書類に視線を落としつつ、だんだんと深刻な表情に変わっていき、すぐに事務長へ連絡するようにと言われた。顔写真のボードを再びチェックして二階へ上がり、開けっぱなしになっていた事務長のドアをノックした。おぼつかない自己紹介の後、届いた書類を見てもらうと、昔、日本が所有していたスノーモービルが何らかの手違いで登録が抹消されておらず、車両の保険料金が請求されていることがわかった。車両はすでに廃棄されていたが、それを証明するものがなく保険協会が請求料金を一日ごとに加算しているとのこと。ニーオルスンに来て早々に複雑な問題にぶつかってしまい、私の英語力で対応できるのか心配になる。

帰りがけ、事務長に日本の観測所が入る「Veksthus」の発音を聞いてみた。日本語耳の私にはカタカナで「ヴェクストゥース」と聞こえる。ついでに、「ニーオルスン」の正しい発音も聞いてみた。

「Ny-Ålesund」

「ニーオルスン?」

「いや、Ny-Ålesund!」

カタカナの「オ」の部分は、「A」の上に丸が付いた、単位記号のオングストロームにも見える北欧のアルファベット「Å」で、発音は英語の「O」に似ているが違うらしい。何度発音しても彼が納得する発音にはほど遠く、二人の「Ny-Ålesund!」という声がサービスビルの二階でこだました。

山頂にある観測所

滞在四日目。降り続けた雪が収まり、屋外に設置している日射計のメンテナンスに立ち会うことになった。機器は日本の観測所ではなく、ドイツとフランスの共同観測所の近くに設置されているとのこと。この観測所は、アルフレッド・ウェゲナー研究所（ＡＷＩ）とフランス極地研究所（ＩＰＥＶ）の両研究所の名前を合わせて「ＡＷＩＰＥＶ」と命名されている。通常、機器は積雪期に太陽光の雪面反射を測定しているが、太陽の出ていない極夜期間は停止しており、今回はメンテナンスのみをおこなうと聞いた。プラスチックの赤いソリに工具や脚立を載せて、機器が設置されている平坦な雪原を歩く。ほどなくして現地に到着し、ヘッドライトで機器を照らしながら、メンテナンス作業の補助に入った。気温はマイナス十四度。風がないので体感温度は気温以下まで下がらず、最初は寒さを感じなかったが、長い間作業していると、体が冷え始めて鼻の芯が硬くなっていく感触がした。指先もしだいに冷えていくのがわかり、感覚が無くなる前に腕をぶんぶんと振って指先に血を送る。

私達の作業場所からは、風に揺られて動く直径六メートルくらいの巨大な赤い気球が見え、研究者からスウェーデンの研究グループが各国の機関と協力して観測気球を飛ばしていると聞いた。ニーオルスンは世界十一ヵ国の研究機関が観測施設を持っていることから、「国際観測拠点」と呼ばれている。現地では、主に大気、雪氷、陸上生態系、沿岸海洋の四つの分野で、ノルウェー、スウェーデン、ドイツ、イギリス、オランダ、イタリア、フランス、韓国、中国、インド、そして、日本と、ヨーロッパからアジアまで様々な国が研究を精力的に進めている。近年、北極で起きている温暖化は地球全体の気候にも大きく影響を与えると考えられており、今後の地球環境を予測する上でニーオルスンは北極の重要な観測拠点と言えるだろう。北極研究の最前線であるニーオルスンには、世界各国から研究者や技術者、学生が集まるため現地の滞在者は多国籍だ。後日、観測気球を見学しに行くと、研究メンバーの出身国が皆違うので驚いたが、地球全体に関わる研究テーマであれば、多国籍なチームで取り組むことが普通なのかもしれない。

日本の研究者は、AWIPEV以外の他の観測所にも観測機器を設置しており、彼らについて町にある観測所を巡る日が続いた。今回はスウェーデンとノルウェーが管理する「ツェッペリン観測所」へ向かう。ツェッペリン山の山頂付近にある標高約四七〇メートルの観測所までは道路がなく、麓からはロープウェイに乗って移動する必要がある。朝食後にノルウェー極地研究所、通称「NPI」のエンジニアと待ち合わせし、彼らの電気自動車で町からロープウェイ乗り場へ向かった。定員四名の小さな赤いロープウェイに機材を積み込んで、狭いシートに二人ずつ向かい合って座る。研究者とエンジニアがちょっとした会話をしつつ、時々会話が途切れるとザーッというロープの音と、支柱を乗り越えるガタンゴトンという振動がゴンドラ内に響いた。背部の窓から見える町灯りはしだいに小さくなり、ロープは町につながる唯一の命綱のように思える。高度が上がり、ニーオルスンの前に広がる「Kongsfjorden（コングスフィヨルド）」と呼ばれる海の入り江を闇の中でぼんやりと捉え、英訳すると管理会社の社名である「Kings Bay」であることをふと思い出した。山頂に近づくにつれて山の傾斜はきつくなり、眼下に荒々しい山肌が間近に見えた頃、進行方向に観測所の電灯が現れ、ゴンドラはコルゲートの中に勢いよく吸い込まれていった。玄関で他の建物と同じように靴を脱ぎ、研究者に案内されて観測所の部屋を回る。外との温度差もあり、室内の空気が顔にもたついていてやけに暑い。机や何重にも重ねられた棚には観測機器が所狭しと置かれており、排熱で温度が上がっているせいか、室温は二十五度以上ありそうだ。気付くとＮＰＩのエンジニアは、上着を脱いでＴシャツ姿で複数の部屋を忙しく出入りしている。ここには各国の研究機関が設置した観測機器が何十台とあり、休日を除いて彼らが毎日点検をしているらしい。日本の研究者はこの観測所で、主に大気中に浮遊している塵であるエアロゾルや雲、雨や雪といった降水を通年にわたって観測している。多くの機器には外の空気を吸入するポンプが付いており、その空気は室内に配置された連続観測機器やフィルター上にエアロゾルを集めてサンプリングする機器に導入される。室内だけでなく、一部の機器は屋外の観測デッキに設置されており、山頂に雲がかかれば、直接、雲の中で観測できるようになっていた。

エアロゾルにも様々な種類があり、太陽光を遮る雲の核になる塵もあれば、太陽光を吸収して温暖化の原因となるブラックカーボンと呼ばれる黒い塵もある。様々な性質を持ったエアロゾルが気候に与える影響を調べるため、研究者は国内外問わず協力して観測を進めている。今回は日本に滞在する極地研の研究者から依頼を受け、機器にＵＰＳ（無停電電源装置）を設置した。ニーオルスンを含め、極地では電源供給にディーゼル発電機を主体に用いることが多い。僻地ゆえに不意な停電が起きることもあり、電気が止まっても一時的に電気を供給できるようＵＰＳを設置するのは定石だ。長時間の停電に対応できるバッテリー容量はないが、安全に観測機器をシャットダウンするだけの時間は稼げる。事故停電で急に電源が落ち、ＵＰＳの設置していない機器を復旧させるのに時間がかかった経験は今までに何度もある。午前中に作業を終え、データ取得を確認してから、昼前には町へ帰った。新参者の私にとっては、同じ観測支援の仕事をするＮＰＩのエンジニアの作業姿が格好よく見え、いつか私も彼らの仕事ぶりに近づきたいと思った。

初めてのライフル

ツェッペリン観測所から戻ると、今度は「Gruvebadet（グルベバデット）」と呼ばれる大気観測所でエアロゾルのサンプリング方法についてレクチャーを受けることになった。ツェッペリン山の麓にあるこの観測所で、日本の研究者はエアロゾルや温室効果ガスの連続観測をおこなっている。建物の屋外階段から屋根に上がると、デッキにはツェッペリン観測所と同じように空気の採取口となる煙突がずらっと並んでいた。人間活動の影響を受けないよう町の中心部から離れた場所に設けられた大気観測所は、KBのウォッチメン（警備員）によるホッキョクグマの監視エリアから外れている。ニーオルスンでは町の中心部から外へ行く時には護身のためライフルを携行する決まりがあり、境界となる道には赤い三角標識にクマが描かれた「STOP! POLAR BEAR DANGER（止まれ！ホッキョクグマ危険）」と書かれた看板が立っている。極地の標識といえば、昭和基地にも「ペンギン注意」の標識があるが、頻繁に基地内にペンギンが現れることはなく、あくまで前方注意のシンボル的なものに過ぎない。一方でニーオルスンの標識は、人命に関わる注意喚起なので不安が募る。

大気観測所まではドア・ツー・ドアで車に乗って行けばライフルは必要ないが、ここでは清浄な大気を測定しているため、排気を出す化石燃料車を使った移動は原則禁止されている。

大気観測所へ続く道路の四百メートル手前には「ELECTRIC VEHICLE ONLY（電気自動車のみ）」という看板があり、脇に建てられた小さなポストの中には機材の運搬等で車や重機が立ち入った際に通過時刻を記入するメモ帳が入っていた。連続観測機器の場合、北極の清浄な空気に対して、車の排気は異常値を示し、グラフに描くとノイズのようなデータが観測される。メモ帳の記録は、そのような利用できないデータをカットするため、参考情報として使われるのであろう。

日本の観測所から大気観測所への移動は、全経路を歩くか、看板の前まで極地研のディーゼル車で行き、残りの経路を歩く方法がある。しかし、いずれも徒歩での移動があるためライフルの携行が必須だ。今回はライフルを持った研究者について行ったが、研究者が帰国した後も、三日に一度はエアロゾルのサンプリングのため大気観測所へ通わなくてはならない。

ニーオルスンではホッキョクグマから身を守る目的でライフルを携行する場合、KBが開催する安全講習を受ける必要がある。受講を修了すれば、KBからライフルをレンタルでき、大気観測所を含むホッキョクグマの監視エリアへも単独で行くことができる。日本を発つ前に講習を予約し、開催日に集合場所となるサービスビルの会議室へ向かった。部屋ではKBの職員が待っており、私に続いて韓国の滞在員が入ってきた。受講者は二人のみとのことで、早速、ホッキョクグマの生態について説明が始まった。通常は人間を襲うことはないが、餌が十分に取れない病気や高齢の個体は人間へ向かってくることがあり、スバールバル諸島では実際に人間の死亡事故も起きているとのこと。続けて心臓の位置を示した骨格図が示され、撃つ時には正面から首の付け根か、脇腹を狙うようにと言われた。一度は野生のホッキョクグマを近くで見たいと思っていたが、説明を受けるうちにだんだんと気分が沈んでくる。部屋でライフルを渡され、恐る恐るアルミ製の模擬弾を装填する練習を繰り返した。町の中心部でライフルを携行する時は弾丸を抜く必要があり、外から町へ入る前には弾が入っていないか十分確認するよう口酸っぱく注意があった。ホッキョクグマも怖いが、ヒューマンエラーによる誤射も怖い。

座学が終わり実技を受けるため、今度はＫＢの車へ乗り込んで、どこにあるのかわからない射撃場へ向かった。車は雪が深く積もったツェッペリン山の麓へ猛スピードで走っていく。シート越しに後輪が滑る感触を感じていたが、案の定、車はスタックして途中から歩いて行くことになった。朽ちた木材が散らばった廃墟のような場所から、皆で雪に埋もれながら丘を登っていく。丘を越えた先にある小さな小屋へ入り、ＫＢの職員が入り口と反対側にあるシャッターを開けて投光器を点けると、闇の中に丸が何重も描かれた標的が現れた。まずは、ライフルを使う前に、ホッキョクグマを追い払う目的で使うフレアガンという信号拳銃の練習から始める。照準を合わせ、重い引き金を押し込むように力をこめて引くと、爆発音とともに赤い火花が飛んでいき炸裂した。間髪入れず、隣にいる韓国の滞在員も発砲したが、お互いフレアガンの衝撃の強さに驚いて顔を見合わせてしまった。呆けている間もなく、続いてライフルを渡され、銃身と銃口の突起で照準を合わせ標的に向けて発砲する。銃床に添えていた顎に打ち付けたような鈍い痛みが走った。一発だけで実技を終えたいが、連射するように言われ、顎に伝わる衝撃に耐えながら素早くボルトアクションを繰り返した。射撃練習が終わり、皆で外へ出て標的の確認へ向かう。一つも当たっていないのではと心配していたが、標的には撃った弾の数だけ穴が開いており、照準を合わせれば弾がまっすぐ飛んで確実に当たることを理解した。銃痕は標的の中心ではないが、集中した場所に開いており、私の射撃は分析用語でいう「不正確だけど精密」の状態にあるようだ。照準の合わせ方をもう少し調整すれば正確な位置に当てられるかもしれない。

無事に講習を終え、後日、レセプションでホッキョクグマのイラストが描かれた修了証を渡された。早速、KBからライフルを借りて、日本の観測所から大気観測所まで一人で歩く。満月の光が雪面に反射し、ヘッドライトが要らないくらいに外は明るい。町から続く一直線の雪道から、夜空に浮かび上がった雪山のシルエットがはっきりと見え、かつて飛行機から見えた漆黒の海には煌めく月光の帯ができていた。到着した時は海と山の方角すらわからなかったが、今は目視で地形がはっきりとわかる。そして、真っ暗で変哲もない世界にいると思った私が、実は素晴らしく景色の良い場所にいることがわかり、到着した時よりも心は躍動していた。

北極のお酒は制限あり

昭和基地の物資は食料を含め、南半球の夏にあたる十二月頃に砕氷艦「しらせ」で一年に一度だけ補給される。一方で、ニーオルスンはロングイヤービンとの往復航空便が週二日発着し、トロムソから来る貨物船も月一回程度往来するため、定期的に物資が町へ補給される。とても極地とは思えないくらい恵まれた環境で、町には売店まであるから驚きだ。売店の開店日は飛行機が発着する日の午後五時から六時までの一時間だけ。その日は夕食を食べ終わった人がサービスビルのソファーでくつろぐこともなく、買い物をしに食堂からすぐに去っていく。売店にはシャンプーや石鹸といった日用品から、お菓子やジュース、お酒まで置いてあり、手持ちの在庫を切らしても心配はない。お土産品も売っており、「Ny-Ålesund」の文字や「Kings Bay」のロゴが入ったエコバッグなどは、北極へ訪れた記念として買っていく人がいるのだろう。

世界最北の村は北緯七七度四七分にあるグリーンランドのシオラパルク。世界最北の人口千人以上の町は、北緯七八度一三分にあるロングイヤービン。ニーオルスンはさらに北となる北緯七八度五五分。南緯六九度〇〇分にある昭和基地よりも極点に近い極地だ。ニーオルスンが町なのか村なのか定義はわからないが、少なくとも「世界最北の集落」と言えるだろう。私も売店で世界最北の場所へ来た記念にお土産を買おうとしたが、来たばかりでまだ買うタイミングではないと思い留まった。ちょうど買ったものを持ち帰るバッグがなかったので、「Ny-Ålesund」の文字と三つの三角山が描かれたエコバックと、デンマークのビール、カールスバーグの六缶パックをカゴに入れてレジ台へ持って行く。そして、胸ポケットに入れたトロムソ発ロングイヤービン着の航空チケットの半券をレジで差し出した。免税地区のスバールバルではお酒を買う時、購入数を管理するため、売店で航空チケットの提示が必要だ。レジの女性がチケットに文字が入ったスタンプを押し、ボールペンで数字を書いて返してくれた。チケットにはノルウェー語で「Øl(ビール)」と書かれた欄に「18」の数字。ビールを六缶買ったので、チケット一枚につき最大二十四本買えるということだ。出張後の手続きで極地研へ半券を提出しても、事情を知らない職員がこの表記を見たら暗号にしか見えないだろう。

ニーオルスンでは売店の他、毎週土曜日の食後にサービスビルの二階で開店するバーでもお酒の注文ができる。最初は研究者と行ったが、少しでも現地の人と話さなくてはと思い、二回目は勇気を出して一人でバーへ向かった。部屋はリズミカルな音楽と見知らぬたくさんの人に溢れ、聞こえる会話は英語や他の言語が入り混じり、早くも一人で来てしまったことに後悔した。ふと長髪の男性と目が合い、観測隊時代にお世話になった日本の職員と似ていたせいか、なんとなく私から声をかけてしまった。彼の名前はグレッグ。フランス出身でAWIPEVの現地代表者とのこと。音楽と喧騒に巻き込まれながら、お互い耳元で手を添えながら大声で話をする。

「Did you ********?」

「??」

会話にならない会話を繰り返していたが、ついに参ったかのように、彼に「とりあえず踊ろう!」と笑顔で言われ、そのままダンスの輪に取り込まれてしまった。後で話を聞くと、ニーオルスンでは平日にお酒を飲む人はあまりおらず、週末だけこのバーで飲む人が多いようだ。北極圏ではアルコール中毒者が多いという話を本で読んだことがある。購入制限は税金が理由だろうが、一般に娯楽が少ないと言われる極地でお酒の制限があることは悪くないと思う。それに、バーで皆と楽しく飲むのは、極夜中に一人で晩酌するより健全に違いない。

ニーオルスンのルール

ニーオルスンの生活にも徐々に慣れていき、いくつかのローカルルールも覚えた。部屋へ入る時は靴と帽子、上着を脱ぐ。町中ではライフルの弾を抜く。極夜中に外を歩く時は反射ベストを着る。食堂やバーといったプライベートエリアで写真は撮らない。他にも細かなルールはあるが、ニーオルスン独特のルールといえば、無線を発する機器を使ってはいけないということだろう。理由は、ラベンの横にそびえ立つ巨大なパラボラアンテナにある。日本や昭和基地を含め、世界各国に設置されているこのアンテナは、「VLBI（Very Long Baseline Interferometry：超長基線電波干渉法）」という天体が発する電波を観測する方法により、地球上にあるアンテナ間の距離を正確に計測することができる。ニーオルスンでは観測に影響しないように、二〜三十二ギガヘルツの周波数の利用が禁止されており、スマホをはじめWi-FiやBluetoothは利用が禁止されている。生活の便利さよりサイエンスを優先する、国際観測拠点ならではのルールと言えるだろう。

最近は無線が搭載されているデバイスが一般的で、持ってきた薄型のノートパソコンにはLANポートがなく、USB–LANの変換アダプタは必需品だ。気付くと、机の上はLANケーブルに加え、USBマウスや有線イヤホンのケーブル、タコ足となったUSB

ハブが増えていき、二〇〇〇年代のオフィスのような状態となっている。無線が当たり前の生活に慣れてしまい、以前はどうやってケーブルを整理していたのか思い出せず、床を這うLANケーブルに何度も足を引っかけてしまった。スマホはロングイヤービンを出発してから無線を発信しないフライトモードのままだが、LANと接続するマニアックな変換ケーブルを使うことで有線ネットワークに接続できると聞いている。倉庫に保管されていた変換アダプタを使ってインターネットへ接続してみると、設定画面には見たことのない有線接続の両矢印マークが表示され、久々にオンライン状態のブラウザが開いた。それでも、LANケーブルがつながった有線のスマホは携帯性が悪い上、変換アダプタに内蔵された通信ランプがスマホのバッテリーを消費してしまうことがわかり、目覚ましかカメラ以外に使う用途は激減してしまった。

当たり前のことだが、人間は環境によって持ち歩くものが変わる。無線が使えなければスマホは不要になり、ホッキョクグマが出るようであればライフルが必要になる。そして、極地で使うものは、機能を複数持つマルチツールより単一機能のシンプルなもののほうが役に立つことが多い。それは、マルチであるがゆえに、極地で使えないツールがかえって邪魔になってしまうからだ。スマホも多機能で便利だが、低温下で使うと、すぐにリチウムイオンバッテリーが使えなくなる上、分厚いグローブではタッチディスプレイも操作できないため極地では使いづらい。スマホが持つ「記録」の機能はコクヨの野帳に、「入力」は氷点下でも凍らない太芯のシャープペンに、「検索」は私の知識に替わっていった。あとは、動力となる私自身のバッテリーとして、食堂の軽食コーナーにあるオレンジジャムの入ったビスケットを食後にポケットへ忍ばせるというマイルールも新たに誕生した。

ニーオルスンでは毎週水曜日の午前八時十五分から、サービスビルの二階にあるツェッペリンミーティングルームという会議室で代表者ミーティングが開かれる。この会議はＮＰＩがホストを務め、ステーションリーダーと呼ばれる各機関の現地代表者やＫＢの関係者が出席し、活動状況の報告や町全体の問題を話し合う。議長はＮＰＩのステーションリーダーであるヘルゲ。私も日本の代表者として毎週出席することになったが、なかなかヒアリングが追いつかない。予め報告する内容を決めていても、会話は生き物のように、話題はどんどん変わっていく。英語で答えられないような難しい質問が来ないか、戦々恐々としながら出席しているうちに、ふと気付いた。会話中、皆お互いに「Sorry?(もう一度お願い)」と聞き直すことが多いのだ。出席者の国籍はヨーロッパからアジアまで多様だが、英語がネイティブの人はほとんどおらず、皆母国語に引っ張られたような訛りのある英語を話している。恐らく、私の英語も日本語訛りで聞きづらいに違いない。

ある日、英語の悩みをＫＢのラボエンジニアであるマリンに話すと、ネイティブでない彼女も英語の勉強は続けているとのこと。「皆、英語より母国語で話すほうが好きよ！」という彼女の言葉に、この町で私だけが英語に対して苦手意識を持っていると思っていたせいか、肩の荷が下りたような気分になった。

「Sorry?」と聞き直せば、嫌な顔ひとつせず、お互い言い方を変えたり、発音を変えてもう一度話したりしてくれるのも、この町のローカルルールかもしれない。

北極で名前を授かる

ニーオルスンに到着して二週間ほどが過ぎ、日本の研究者は全員が帰っていった。彼らとはまた近いうちに、極地研や学会で会うだろう。前からわかってはいたが、とうとう私一人になってしまい心細さを感じる。そして、そんな日本人がニーオルスンに残っていることを町の皆は知っている。大会議場で開かれた全体ミーティングの際に、日本が初めて長期滞在の職員を採用したということで、ダイレクターから急に自己紹介を振られたのだ。事前に話す準備をしていなかったため、壇上でしどろもどろとなり、思い返すのも恥ずかしい経験となってしまった。皆に顔を覚えてもらったのは良いことだが、食事の時間は少し億劫だ。今まで日本人同士で固まって食事していたので、他の国の人とあまり話せていない。食事のテーブルには何となくグループができており、食事を盛ったお皿を持ちながらどこに座ろうかと食堂をさ迷う。グループから近いような遠いような、空いている席に座り、誰とも話さずにそそくさと食事をして観測所へ戻る日々が続いた。海外の新しいコミュニティへ入っていくのはハードルが高い。

新たに日本の研究者がニーオルスンに来るまで、あと一週間。居室にこもって仕事すると気が滅入るので、リビングの大きなテーブルで観測用のログシートを整理することにした。先日まで賑やかだったリビングはがらんどうで誰もおらず、一人で使うには広すぎて静かだった。リビングは共用なので、誰が使っても良いのだが、恐らくどの施設にもリビングがあるため、宿泊者以外に使われる頻度は少ないようだ。たまにKBの職員が室内の掃除と点検で出入りしているものの、二階にある共有の実験室も準備中で、普段から建物内で人を見かけることはなかった。大きな窓には闇しか見えず、黒いガラスにはリビングと私だけが反射して映っている。息を止めると、部屋の気密性が良いせいか、自分の血流の音が聞こえるくらいに無音だ。モダンで真っ白なリビングと窓の外にある真っ暗な闇。宇宙船で地球を離れるとこんな感じかもしれないと想像した。映画『ガーディアンズ・オブ・ギャラクシー』の主人公が独りで星を歩きながら、REDBONEの『Come and Get Your Love』を聴いていたシーンをふと思い出して、ノートパソコンで曲をかけた。

リビングで仕事をしていると、蛍光色の防寒つなぎを来たKBの職員達が玄関から入ってきた。いつもの施設点検かもしれない。初めて見る顔だったので、椅子から立って自己紹介をする。会計担当のスーニバと空港担当のスティアンは、観測所の二階にある設備を確認しに来たとのこと。やがて一階に降りてきた二人から、もう一度私の名前を聞かれた。先に「I'm Junji……」と自己紹介したものの、二人とも私の名前を発音するのが難しいらしい。ノルウェー語では「J」の入る単語が「ジェイ」ではなく、ヤ行の音に変わることがあり、呼びにくいようだ。彼らは「他の名前を考えようよ。何かあるかな?」と無邪気な笑顔で話しかけてくる。英語のニックネームがない私は戸惑い、「名前の由来はハヤブサなんだけど。そう、鳥のファルコン」と言って、両手をパタパタ振って鳥のジェスチャーをした。二人はソファーに座りながら考え込んでいたが、

「ファルケが良いんじゃない?」

「そう、ファルケ!」

こちらの反応を見ることなく名前が決まり、彼らは陽気に帰っていった。単なるあだ名とも違う「ファルケ」という新しい名前。洗礼を受けたような不思議な気分だ。折角なので、この名前は現地でミドルネームとして使うことにした。

北極で流行中のスポーツ

日本人が私一人になって数日が過ぎ、一人で食事をしていると声をかけられることが多くなってきた。ノルウェー語が聞こえるテーブルからも、私のことを話しているような「Japan（ヤーパン）」というフレーズに混じって、いつの間に伝わったのか「ファルケ」という名前も聞こえてくる。声をかけられると決まって「日本人？　一人？　あの建物で？」と立て続けに質問され、定型のような答えを繰り返すことになった。私と同じように、観測支援のため長期滞在している人もいるが、多くは共同宿舎のような建物に数人で生活しており、一つの建物に単独滞在するのは珍しいらしい。何より、大勢が住める新築の大きな建物に日本人が一人で暮らしている状況に、一体何をしているのか興味が湧くようだ。

食事を終えて、いつものようにクロークルームでアウターを着ながらサービスビルのホワイトボードを見ると、「Bandy 19:30」と書かれていた。ちょうど私と同じくボードを見ていたKBの職員に聞くと、Bandyとはホッケーのことらしい。行ってみたらと言われるまま、集合時間を少し過ぎたくらいに、日本の観測所の斜め後ろにあるジムへ向かった。すでにゲームは始まっており、道路に面した窓から人の上半身が見え、走り回る集団が右へ行ったり左へ行ったり激しく動いている。恐る恐るドアを開けて中へ入ると、そこはすでにコート内で、右手には小さなゴールポストが置かれていた。木製フローリングに靴が擦れる音が響く中、逃げるようにジムマシンがある奥の部屋へ慌てて走る。北欧発祥のBandyはフロアボールとも呼ばれており、無数に穴が空いた白いボールをスティックでゴールへ入れる室内ホッケーだ。本来はもっと広いコートを使うのだろうが、ジムの運動スペースが狭いためか、一チーム三人でゲームをしている。奥の部屋から見ていると、タイマーのブザーが鳴り、目が合った一人から「Change!」と声をかけられ、箱からスティックを選ぶよう言われた。私以外のメンバーは全員KBの職員。ブザーの合図でゲームが始まり、ゴールポストへ走るが、軽いボールは打つのが難しく空振りを繰り返す。ディフェンスに回っても、体格差で負けて何度もふっとばされてしまった。食堂でウインクをくれたシェフのエスペンは選手と思うくらいに上手く、何度もゴールを決めている。下手ながらも、彼にパスを回して加点につながるよう、息を切らしながら夢中で走り回った。

ゲームが終わり、KBの職員にノルウェー国内でもよくプレイするのか聞くと、ニーオルスンで流行しているものの普段はしないらしい。皆と同じように北極でBandyのファンとなった私は、その日から週二回のゲームに参加し、集合時間に遅れると日本の観測所まで電話がかかってくるようになった。皆、最初は私に気を遣ってゲーム中は英語で会話していたが、だんだんと熱中してくるとノルウェー語に変わり、何を話しているのかよくわからない。それでも、ボールのパスは続いていき、シュートが決まるとハイタッチを交わす。スポーツが言語を問わず国境を越えるという意味を初めて理解できた。

宇宙で打上げ花火

不安に感じていた単独滞在はあっという間に終わり、日本の研究者と大学院生がニーオルスンに到着した。研究者は同じ隊次で南極へ行き、観測でお世話になった人だ。南極以来の久々の再会に喜び、日本の観測所の玄関にある銘板の前で記念写真を撮った。今回、彼らはロケット観測に参加し、ラベンで「宇宙花火」を撮影すると聞いている。上空約八十キロメートル以上の場所にある熱圏と呼ばれる大気の層に、ロケットを使ってガスを放出すると花火のように発光するとのこと。この花火の動きを撮影することで、熱圏で吹いている風の方向や速度がわかるという。

ロケットの発射実験には、ノルウェーの航空宇宙機関であるアンドーヤスペースをはじめ、NASAや海外の大学も多く参加しており、飛行機が到着するたびに町の人口が増えてきている。代表者ミーティングでは、ロケットの責任者から発射予定である二発のロケットと発射時の侵入禁止エリアについて説明があった。宇宙の現象を捉えるためロケットの発射には条件がいくつもある上、天候にも左右されるという。ロングイヤービンでの地上観測と上空からの飛行機観測もあり、複数の場所で条件が一致する状況でなければ発射はできない。日本の研究者が到着した週から「打ち上げウィンドウ」と呼ばれるロケットの発射期間に入り、彼らは毎朝ラベンへ行ってスタンバイし、昼食前になると肩を落として帰ってくるという日が何日も続いた。宇宙花火の観測ロケットは条件が合わずに発射の見合わせが続き、ロケットの責任者は日に日に険しい表情に変わっていく。とうとう元隊員の研究者はニーオルスンを離れ、代わりの研究者がロングイヤービンから交代でやってきた。

なんとか打ち上げウィンドウの期間に発射条件が揃ってほしいが、自然現象を捉える労力は私もよく知っている。以前、昭和基地で極成層圏雲の観測を担当したことがある。高度二十キロメートルと通常の雲より高いところにできるこの雲は、成層圏の気温がマイナス七十八度以下になった時に現れ、オゾン層の破壊につながることで知られる。この雲を直接観測するため、エアロゾルの観測機器を、気象センサーとデータ送信機が付いた「ゾンデ」と呼ばれる機器と組み合わせ、ゴム気球に取り付けて放球する観測であったが、肝心の雲が昭和基地の上空にいつ現れるのかわからない。通年のモニタリング観測とも異なる、このようなイベント観測はタイミングを逃せば翌年まで観測できない可能性もある。プレッシャーを感じながらスタンバイする日が、当時一ヵ月ほど続いたことを思い出した。その後もロケットは発射見合わせの日が続き、とうとう発射を見届けることなく研究者達は帰国の日を迎えてしまった。後の観測は共同で研究している海外チームに任せると聞き、残念そうな表情を浮かべた彼らをサービスビルで見送った。

日本の研究者が去って三日後。朝食の食堂は閑散としており、観測関係者がすでに発射場や観測所でスタンバイしていることがわかった。朝から星が見えるほどに天気が良く、今日こそは発射できるかもしれない。いつものようにリビングで仕事をしていると、町内のスピーカーからロケットの発射前に鳴るサイレンの音と発射確定のアナウンスが流れた。ついに発射の時が来た。外へ出ると、ロケットを見ようと空を見上げている人が大勢いる。やがて、カウントダウンが始まり、「Three, Two, One……」という音声が流れると、ラベンの方向が見えないほどに眩い光がはじけロケットが発射された。ゆっくりと空へ昇っていく光と轟音が消えた後、空には緑色の星雲のようなもやが音もなく広がり、そして、青色に変わり散っていった。連発花火のように、次々とガスが放出されて発光する様子を見ながら、現実世界でSF映画を見ているような不思議な気分に浸った。昭和基地上空のオーロラ爆発、赤道無風帯の鏡のような海に映った夕焼け、南米のフィヨルドにある真っ青な氷河。自然界の美しい風景をいくつも見てきたが、人工物でこんなに美しい現象があるとは、世の中にはまだまだ知らないものがある。昼食の時間を迎え、ロケットの責任者が食堂に現れた。彼の顔は緊張が解けて、見間違うほどに柔らかい表情になっていた。

百年残るデータを採る

ロケット観測の関係者が町を去っていき、町の人口は百人から四十人ほどに減ってしまった。発射に伴う通行制限もなくなり、久々に午前中に車でラベンへ向かう。左ハンドルのマニュアルのハイエースにはいまだに慣れないが、雪道でのエンストは以前より減った。スタックしないよう、轍に沿って運転し、ラベンの玄関前に車を駐車する。日本の観測所がニーオルスンに初めて開設されたのは一九九一年。当時の銘板が今も玄関口の壁に打ち付けられており、ところどころ錆が浮いた金属板には「新鰻入江観測基地」と刻まれている。ニーオルスンの語源が気になり調べてみると、ノルウェーには「オーレスン（Ålesund）」という地名があり、「ニー（Ny）」は新しいという意味。「横浜」と「新横浜」のような命名かもしれない。さらにオーレスンの語源を調べると、「Åle」はうなぎの複数形、「Sund」は入江を意味する。漢字に違和感を持ったのは、地名や国に当てる漢字が「伊太利亜」や「仏蘭西」のように、日本語や中国語の発音に沿ったものが多いからだろうか。語源から漢字を当てたのは、学術的な命名法にも感じる。ちなみに、「Rabben（ラベン）」は、ノルウェー語で小さい丘という意味。建物の裏は斜面になっており、その先は海が広がっているだけで丘に見えず、名前の由来はわからなかった。

いつものように、外に立てかけられたスコップで玄関を除雪して扉を開け、真っ暗な玄関で電灯のスイッチを探して廊下に明かりを点けた。移設後のラベンには人が住んでいないもののの、キッチンやベッドルームには家具が残されており、生活感がまだ消えていない。宇宙花火の観測に使っていた部屋は、観測機材が撤収されてひっそりとしていた。廊下は倉庫として使っていた広い部屋に続いており、さらにその奥にある観測用の部屋で私は毎週一回、北極の空気をボトルに採取するサンプリングをしている。日本から送られてきたダンボールから、玉紐が付いた小箱を取り出し、糸を解いて両端にバルブが付いたガラスボトルを取り出した。塩ビ管からも同様に金属ボトルを取り出し、それぞれ機器にセットする。エアロゾルの観測と同様に、屋外にあるインレットと呼ばれる煙突から室内まで伸びるチューブがあり、ポンプで外気を引き込んで北極の空気を容器に詰め込む作業だ。手順が書かれたマニュアルをチェックしながら、タイマーをセットし、チューブとボトルの中に空気を流す。以前、海洋観測をしていた頃、分析用の海水をボトルに採取する時に、ボトルの内面を海水で三回共洗いするというルールがあった。今やっている作業は、まるで水のように、目に見えない空気でボトルを洗っているかのように思える。

ニーオルスンで継続しているこのサンプリングは昭和基地でもおこなわれており、私は一年以上この作業を続けてきた経験がある。当時のサンプリング場所であった昭和基地の観測棟は、西風が吹いたり風が弱くなったりすると発電棟のエンジンから出た排気が流れてくる。人間活動の影響がない南極の清浄な空気を採取するため、サンプリングの条件には風向や風速の指定があり、気象情報を見ては、条件が一致した時を見計らって居住棟から観測棟まで走っていった日が懐かしい。一方ラベンは、町の中心部から離れており、周囲には空港とVLBI観測のアンテナしかなく、継続して汚れた空気を出す施設は近くにない。サンプリング場所として最適だが、日本の観測所が町中へ移転したこともあり、ラベンの観測機器は撤収して、将来的には大気観測所でサンプリングを継続すると聞いている。

このサンプリングは観測所を開設した年から始まっており、私を含め研究者やNPIのエンジニアといった様々な人が、リレーのバトンを受け取るかのように続けてきた。容器に入った空気は日本へ発送された後、二酸化炭素やメタン等の温室効果ガスの濃度が測定される。そして、集まった濃度のデータを時系列順に並べていくと、年々上昇している温室効果ガスの濃度変動がわかり気候変動の評価に役立つ。私が採取しているニーオルスンの空気は、その日、その時、その場所で得られる、採り直しができない貴重なものだ。私が研究観測の業界に入って間もない頃、研究者から「百年残るデータを採ってきてください」と言われたことがある。すぐには結果がわからない地道な観測だが、この空気が、百年先に役立つ有用なデータに変わることを信じて、一人サンプリングの作業を続けた。

観測所のお化け

今回の滞在では、観測支援の他にラベンに残された日本の古い機材の処分も依頼されている。倉庫には一見何もないように見えたが、部屋の隅に残されたプレハブ冷凍庫の中には廃棄する機材がぎっしりと詰まっていた。中からは、年季の入った観測機器や、ワープロ、フロッピーディスクといった九〇年代の機材が次々と出てくる。実は極地で古いものが発掘されることは珍しくない。簡単にものを買ったり捨てたりできない極地では、現地に持ち込んだものが当時のまま残っていることが多い。昭和基地でも、昭和レトロなミルクガラスの食器が現役で使われ、本棚には昔の雑誌や漫画が並んでいる。ラベンに残っているものも、日本から持ち込んだ後、持ち帰ることも捨てることもできず、タイムカプセルのように保管され現在に至っているに違いない。

関係者による物品確認はすでに済んでいるため、残置品は全て廃棄して良いと聞いているが、ニーオルスンではゴミを二十種類以上に分別する必要がある。古い機材は分別に迷うものが多く、廃棄物と港湾関係を担当するアーランドの元へ度々通うことになった。ラベンで車一杯に廃棄機材を積んでは、彼がいる港の倉庫へ立ち寄り、サービスビルにあるゴミ捨て場や、町に点在する産廃用のコンテナを回る。車に乗らないものは小さく解体し、まるでアリが大きな餌を運ぶかのようにひたすら往復を繰り返した。

ある日、倉庫で作業をしていると、人の話し声が聞こえた。誰か来たのかと思い、廊下に通じるドアを開けたが誰もいない。隣接するノルウェー地図局の部屋にも人はいないようだ。お化けが出たような気分になり、その日は早めに作業を切り上げて町へ戻った。実は以前から、ラベンでは誰かがいるような雰囲気を感じていた。観測所へ戻っても、静かな部屋に一人でいると不気味になるので、倉庫で見つけたカセットプレーヤー付きのSONYのワールドラジオを箱から取り出して単三電池を入れる。受信できるか半信半疑のまま、チューニングダイアルをゆっくり回していくと雑音とともに音楽が流れた。ノルウェー語で何を話しているかわからないが、スバールバルのどこかに送信局があるようだ。それからは、ラベンの倉庫へ一人で行く時には必ずラジオを持っていくことにした。ラジオ局の音楽セレクションは少なく、同じ曲が何度も流れる。聞いたことのないノルウェーの音楽に混じって、Dua lipaの『Don't Start Now』ばかりが繰り返し流れるので、静かな場所にいても頭の中でイヤーワームが起こるようになってしまった。ラベンに出現するお化けの不安は古いラジオのおかげで、幾分か減ったかもしれない。

極地美味しいものリスト

十二月に入り、クロークルームのホワイトボードには連日のようにイベントの告知が書かれている。サービスビルの前には、巨大な氷をアンカーに使ったクリスマスツリーが設置され、極夜の中で一日中イルミネーションが輝いている。クリスマスディナーはロケット観測の関係者が滞在中に開催されており、皆スーツやドレスで着飾って豪華な料理を堪能した。フォーマルスタイルのディナーが開かれることを全く知らなかった私は、パタゴニアの黒いフリースの襟をなんとなく立てて、皆の黒いスーツの色に紛れるよう静かに食事をしていた。大きなイベントは終わってしまったが、イベントカレンダーにはカラオケ大会やクリスマス映画の上映会が連日予定されている。そして、私がイベントへ参加するたびに、事務長は付き添ってくれ、ノルウェー語の会話が始まると隣で翻訳してくれた。

食事中、KBの事務職員のオードから「ジンジャークッキーを焼くから厨房に来て！」と誘われた。夕食後にキッチンへ入ると、皆伸ばしたクッキーの生地を、図面を見ながら定規と包丁で測りながらカットしている。てっきり型を抜くだけの作業と思っていた私は、クッキーではないものを作るところへ来てしまったように感じながら、キッチン台に置いてあったクマの型で生地をくり抜き、オーブンのプレートに並べた。焼き上がったクッキーが冷めると、アイシングの作業が始まり、ＮＰＩのエンジニアがスノーモービルやロープウェイをプラモデルのように組み立てていく。私もクマが自立するように組み立ててみた。帰りに、オードから赤い紐が付いたクマとアザラシのクッキーをもらった。クリスマスまで窓辺に飾ると良いとのこと。クマの目は、黒いゴマでなく青いアラザンが使われており、北欧だから瞳の色は青なのかと納得した。

毎日クリスマスイベントは続くが、もちろん観測も休みなく続く。最近は大気観測所へ行く前に、食堂で韓国の滞在員に声をかけて、時間を合わせて一緒に行くことにしている。以前、ライフルを持って一人で大気観測所まで歩いた時、暗い雪道で白い大きな岩をホッキョクグマと見間違えてギョッとしたことがあった。ホッキョクグマは妊娠中のメスを除いて冬眠しないので、冬場でも出現する可能性は十分ある。警戒しながら歩くものの、暗い中でホッキョクグマを発見できる自信は全くない。彼も同じ観測所で定期的に作業をしていたが、話を聞くと私と同じく単独で移動するのは不安とのこと。各々サンプリングを終え、他愛もない会話をしながら大気観測所から歩いて町へ戻る。オーロラが出ていることにふと気付き、ヘッドライトを消した。空を見上げると、紫色の薄いオーロラが天頂をゆらめいていた。帰りに彼からポソっと、「いつも、ありがとう」と言われた。同行だけではあるが、少しは役に立てたのかもしれない。

ニーオルスンに来た当初は、彼とあまり話す機会がなかったが、しだいに食堂で一緒に食事をとるようになり、仕事の話もするようになった。休日のある日、韓国極地研究所（KOPRI）が持つ「Dasan観測所」の見学に誘われた。建物の中は決して新しくはないが、日本の観測所よりもアットホームで暖かい雰囲気がある。置いてある観測機器の説明を聞き、その後、昼食をご馳走してもらった。炊飯器で炊いたご飯をよそってもらい、エゴマの葉とキムチの缶詰を出してもらう。久しぶりに食べたご飯は、モチっとしており、口の中に甘味が広がっていく。しばらく食堂で長い粒のお米を食べていたせいか、久しぶりに自分の求めていたお米に出会えて嬉しい。そして、何より私が食べたいだろうと思って、彼がこのご飯を用意してくれたことに、お米の美味しさ以上の美味しさを感じた。

昭和基地から帰国して、何度か講演会に呼ばれて南極の話をしたことがある。自然や生活の話の中でも、現地の食事に関心を持つ人が多く、最後の質問コーナーでは毎回「南極では何が一番美味しかったですか?」と聞かれる。プロの調理隊員が作る料理は何でも美味しく、しかも日本と変わらないメニューを提供してくれるので、実は答えに困るのが本心だ。皆が期待するような南極でしか食べられない特別メニューはすぐに思い付かないが、私の場合はごくごく普通の温かいトンカツが真っ先に思い浮かぶ。当時、夏期間に宿泊した第一夏宿に用意される食事は、業務の兼ね合いから早めに用意されており、夕食の時間にはおかずが冷めてしまっていた。南極で贅沢は言えないが、寒い中で外作業をした後は温かいものを無性に食べたくなる。そんなある日、調理隊員が用意してくれた揚げたてのトンカツの味は、今でも鮮明に記憶に残っている。美味しいものは世の中にたくさんあると思うが、心にポッと光が灯るような記憶に残るメニューに出会うことは多くはない。韓国の観測所で食べたご飯は、トンカツに続いて、私の「極地美味しいものリスト」に殿堂入りした。

「北極では何が一番美味しかったですか?」という質問の答えはもう決まっている。

回ってきた親切

ニーオルスンでの滞在も一ヵ月を過ぎようとしている。相変わらず太陽は見えないが、生活の乱れはなく、毎日のルーチンも決まってきた。朝は午前六時に起きて日本から届くメールをチェックし、午前七時半から朝食をとる。午前中は車でラベンへ行き機材の片付けとサンプリング。そして、お昼にサービスビルへ戻って昼食をとり、午後一時になると、大気観測所でサンプリング。日本の観測所に戻ったらサンプルを処理。そして、なかなか終わりが見えない在庫整理や事務仕事を続ける。午後四時半に夕食を食べ、午後五時になったら売店へ買い出し。観測所に戻って日報の入力と広報用の記事を書いたら、午後七時半からジムでBandy。観測所に帰ってオーロラが出ていれば、防寒着を着込んで無線機とカメラを持って外へ飛び出し、好きなだけ写真を撮ったら寝床へ入る。何もないと言われる北極だが、何もない日がなく忙しい。仕事は順調に進んでいるものの、機器や輸送、会計のちょっとしたトラブルが頻繁に続き、日本ではすぐに解決することが北極では進みが遅く、解決までに時間がかかっている。未解決の問題が雪だるま式に増えるので、妙に忙しく感じるのかもしれない。ただ、問題が起きる度にKBや現地の滞在員に頼っていたせいか、町での交友関係はしだいに増えてきた。恐らく、いつでも相談できる日本の研究者が一緒に滞在していたり、何でも一人で解決できるほど私が有能であったりすれば、皆と話す機会はもっと少なかっただろう。

ある日、食堂でいつも早めに食事を済ませている中国の滞在員を見つけて、テーブルの向かいに座った。今まで話す機会がなかったので、改めて自己紹介をすると、彼はせきを切ったように話し始めた。彼も私と同じように今は一人で滞在して、観測を続けているという。その日は話しきれず、後日、観測所に招かれることになった。中国の観測所は、「Yellow River（黄河）」と名付けられており、建物の玄関には大きな獅子像が二匹並んでいる。部屋へ上がって中国茶をご馳走になり、話題は仕事の話に移った。最近の私の悩みは国際輸送の方法。日本からニーオルスンへは物が送りやすいが、ニーオルスンから日本へは輸送手段が限定される上、送達条件が増えるため物が送りにくい。特に特殊な観測機材は、条件を満たしているというのに、内容物を疑われて一度発送したものがニーオルスンへ戻ってくることもある。同じアジア圏出身なので、普段どうやって中国に物を送っているか聞くと、彼も同じように困っており、最終的には手持ちで持ち帰っているとのこと。「この前、壊れたデスクトップをトランクに入れて持ち帰ったよ」と笑いながら話してくれた。どうやら最後は力技になるとわかり、私もつられて笑ってしまった。

しだいに、話題はいつものように北極から南極の話に変わっていった。ニーオルスンではよくあることで、私や彼を含め南極へ行ったことのある滞在員が多いせいかもしれない。船に乗っていると陸を見て喜び、山に登ると海を見て喜ぶ。北極に来て南極の話で盛り上がるのも、ないものねだりの何か共通したものを感じてしまった。話のテンポが速く、ところどころで、私のヒアリングがついていけなかったが、彼は「私達には漢字がある！」と力強く言い、裏紙に漢字を書いて丁寧に説明してくれた。

中国茶をたくさん飲ませてもらい、お礼を言って観測所をあとにする。彼は昔、オーロラの観測でNATSUOさんという日本の研究者にお世話になったと話していた。会ったことはないが、年代からして現在はすでに退官している研究者だろう。いつか中国の観測所で、もてなしを受けたことを伝えたいと思った。時代と国を超えて、北極にいる私にまで親切が回り回ってきたような気がした。

北極で別れを知る

最近は私書箱のポストを開けるのが憂鬱だ。開けると見慣れた形の二通の封筒が届いており、また例の請求書か……とため息が出る。観測所へ帰って、以前と同じようにノルウェー語を翻訳すると、なぜか「無請求」と表示された。いつもと書かれている内容が違うとわかり、事務長のいる古い平屋へ急いで紙を持っていく。年末から始まるサービスビルの改装工事のためKBの事務所は移転しており、初めて入る建物の中で部屋をさ迷ったが、開けっ放しになった部屋の奥に事務長の姿を見つけて声をかけた。室内にはテーブルと椅子、段ボールだけが置かれており殺風景だ。届いた書類を見てほしいと封筒を渡すと、彼もまたいつもの請求書と思ったのか、目を通す前に、先方との調整がうまくいっていないと早口で話し始めた。とにかく読んでほしいとお願いし、彼は書類に目を通すとしだいに笑顔へ変わり私を見た。「You are Winner!」と一言。こちらの申し立てのとおり保険協会からの請求金額は全額免除されたとのこと。着任前から長らく続いていた問題はあっけなく解決し、週末はお祝いと称して彼とバーで飲むことになった。

日本に帰国する日が近づいてきたある日、事務長主催のパーティーが開かれると聞き、会場となる「ホテル」と呼ばれる外来用の古い宿泊施設へ向かった。部屋へ入ると暖炉で焼ける薪の良い匂いが立ち込め、ジュースを飲みながら談笑している人が大勢集まっていた。しばらく静かな会話が続いていたが、ダイレクターから事務長へプレゼントらしき包みが渡されると、事務長が立ち上がって話し始めた。話を聞いて、彼が任期満了で今月退職すると知り、この会がお別れ会であることを理解した。皆しんみりとして涙ぐんでいる人もいる。初めてニーオルスンに来て以来、彼はいつも、私がニーオルスンのコミュニティに入れるよう気を遣ってくれた。せっかく、良き人と出会ったというのに、もうお別れかと落胆と悲しみが入り混じる。パーティーが終わり外に出ると、炎のように激しく動くオーロラが出ていた。目に映るオーロラと星が滲んでゴッホの『星月夜』のように見えたが、いつものように瞼が凍ったわけではなく、それは涙だった。

消えた極夜の闇

ニーオルスンを発つ日の朝食。テーブルの向かいに座った韓国の滞在員と話す。彼は十二月末には帰国すると聞いており、次に会えるのはいつになるかわからない。ロングイヤービン行きの飛行機が飛ぶ午前中に観測があり見送りできないと聞いて、最後に食堂で握手をした。やがて空港行きのバスが出発する時刻となり、KBの職員や各国の滞在員が玄関に集まってきた。私と同じ便でニーオルスンを去る職員も何人かいる。一期一会が繰り返される北極の小さな町では、働く人は皆任期を持っており、誰もがいつまでもここに居られるわけではない。任期が終われば世界各地へ散り散りとなり、再会するのは難しいだろう。この町では、出会いと、皆とともに過ごす限られた時間を大事に生きなければならない。事務長と最後に強く握手を交わし、教わったノルウェー語で「Tusen takk!(本当にありがとう)」と伝えた。続いてスーニバに「ファルケ! また一月にね!」と明るく言われ、また会える人がいることにほっとした。正月を挟んで一ヵ月後には、またニーオルスンへ戻ることが決まっている。海外の滞在員の交代もあり、次に来た時にはどのようなメンバーになっているだろうか。明るい気持ちで飛行機に乗り込み、ニーオルスンを後にした。飛行機の窓からは、相変わらずの真っ暗な極夜が見える。天気は星時々オーロラ。闇を抜けるフライトだったが、一ヵ月前に見た夜の底はとっくに消えていた。

帰り道は、往路で通った場所をたどるだけなので気分は軽い。ロングイヤービン空港で、オスロ行きの飛行機に搭乗し離陸まで座席でくつろぐ。しかし、定刻になっても飛行機は離陸せず、窓の外でははしご車が機体の翼に液体を吹き付けている。続けてアナウンスが入り、機体が凍ってしまい除氷作業をしているとのこと。結局、離陸時間が数時間遅れ、玉突きのように乗り継ぎ便に搭乗できなくなり、預け荷物は手違いで私より先に日本へ向かってしまった。極地を離れた空港の窓からは曇り空が見え、その明るさが目に入った瞬間に立ち眩みを起こした。極夜から急に移動した影響か、出発前に別れを惜しんだ太陽は、今は雲がかかっていても見たくない。預け荷物を失い、航空会社から渡されたTシャツ入りのアメニティセットと手荷物のリュックだけを持って、コペンハーゲン空港をとぼとぼと歩く。空港内に立ち込める人の匂いや免税店から香る香水の匂いが、鼻孔の奥を突き刺して鼻が痛い。乾燥している極地では、匂いをあまり感じないと言われているが、急に強い匂いをかいで鼻が驚いているようだ。空港内の気温も高く、早く寒い場所へ、そう、ニーオルスンへ戻りたい。どうやら、北極へ行く前と行った後では、私自身がすっかり変わってしまったようだ。

日本の観測所の前から見える風景。月とオーロラが象徴的な北欧の小さな町にしか見えないが、ここは北極研究の最前線とされ、世界各国から研究者や技術者が集まる

北の空に満月が出ているため、夜空は明るく、月光を反射した雪山がはっきりと見える。大きな窓から暖かい光が漏れる建物は、食堂が入るサービスビル

生活と仕事の拠点となった、日本の観測所が入る建物「Vekshus」。町の中心部に位置し、
徒歩圏内にサービスビルをはじめ主要な建物があるため利便性が良い

ニーオルスンの南側にそびえるツェッペリン山。山頂に輝く光はツェッペリン観測所、麓にある建物は大気観測所。ロープウェイ乗り場の明かりで山肌が赤く照らされている

町の中心部から外に続く道路の入り口には、「ホッキョクグマ注意」の看板が立つ。
ここから先へ歩いて行くには、ライフルの携行が必須だ

大気観測所へ向かう道路の手前にある看板。清浄な大気を観測しているので、
排気を出す化石燃料車の移動は原則禁止され、電気自動車のみ立ち入りが認められる

スバールバル諸島の街、ロングイヤービンにある道標。矢印に書かれた距離を見ると、
ここが北極であることを改めて認識させられる

ツェッペリン山にかかる三日月。極地では月が横に動くのがわかる。
山頂付近にあるツェッペリン観測所には、数えきれないほどの観測機器が詰まっている

町から大気観測所までの道を歩く海外の滞在員。極夜の夜道を月明かりが照らす。
ホッキョクグマを警戒しつつ、夜空を見ながら会話をする

温室効果ガスやエアロゾルの観測がおこなわれている大気観測所。
日本だけでなく様々な国の研究者が利用している。
玄関に雪だるまやオブジェを作るのが、滞在員の間でしばらく流行した

クリスマスシーズンに作ったクッキー。
厨房にホッキョクグマとアザラシの型が置いてあり、
さすが北極と感じた。クッキーはほんのりジンジャーが
香るやさしい味

2

北極から逃げる

2020.1.18-3.24

極地の水事情

二〇二〇年一月。日本での慌ただしい年末年始が過ぎ去り、気付くと私はまたコペンハーゲン空港にいた。先月まであったクリスマスツリーは撤去され、煌びやかに飾り付けされたお土産コーナーも消えている。そういえば、最後に機内で食べた食事は、三食のうちどれに該当するのだろう。オスロ行きのフライトまで時間があるので、食欲を小腹に任せて、一度通り過ぎたホットドッグ屋へ引き返した。二回目のニーオルスン行き。同行する日本の研究者はいない。ハイテーブルで肘をつき、目の前を通り過ぎる人々を眺めながら、バンズからソーセージの両端がほとんどはみ出したホットドッグを頬張った。今回の旅程は乗り継ぎがスムーズで、オスロで一泊した翌日には、トロムソ経由でロングイヤービンまで行くことができる。オスロに到着すると、前回の出張で泊まった空港の目の前にあるホテルへ直行し、その日は夕食もとらず沈むように眠った。翌日、ホテルで朝食を食べてチェックアウトし、ロングイヤービン行きの飛行機に搭乗する。機内の人々を見ながら、皆どういった目的で北極へ行くのだろうと思った。そして、私は何故ここにいるのか。ターニングポイントを記憶からたどる。

着任する一年前の十一月、元赤坂の明治記念館では南極観測隊の壮行会がおこなわれていた。私は隊員ではなかったが、同シーズンに東京海洋大学の南大洋航海に乗船するため、関係者として会場にいた。壮行会には多くの観測隊OBが出席しており、私にとっては同窓会と言えるかもしれない。ともに南極へ行った隊員に声をかけられ、昭和基地や砕氷艦「しらせ」で起きたことを、まるで昨日南極から帰ってきたかのように話し込む。南極での強烈な体験は、記憶の中で熾火（おきび）のように残っていて、何年経っても「昔話」に変化しない。色々なテーブルでトラップされながら会場を回っていると、当時、私が担当した観測の研究者に再会した。お互いの近況を話しながら、彼から北極にある極地研の観測所が新しくなること、そして、現地に滞在する人員が必要になることを聞いた。社会人大学院へ入学し南極海の動物プランクトンを研究していた私にとっては、あまり関係のない話だった。帰りの田園都市線から見える住宅の明かりを見ながら、何かが引っかかった。どうやら、北極の話は熾火に何か燃えやすいものを入れてしまったらしい。数ヵ月後、私は採用の公募に応募していた。そして今、北極へ向かっている。

飛行機はトロムソ空港に到着し、機内放送に従って一時的に飛行機から降りる。スバールバル諸島はノルウェー領であるが、ノルウェー本国から渡航する場合は出国扱いとなり、ロングイヤービンへ向かう乗客は一度トロムソで降りて、出国審査を受ける必要がある。手荷物を持って前の列へ続いて歩いていくと、屋外へ続く玄関が見え、空港のエントランスへ出てしまったことに気付いた。審査を受けて同じ飛行機に乗り直すはずが、トロムソで降りる乗客と一緒にゲートの外へ出てしまったようだ。オスロで受けた手荷物検査をもう一度受けて空港職員に事情を話し、飛行機の搭乗口へ走っていくと、同じように経路を間違った親子が他の職員と一緒に私達に合流してきた。皆で空港の滑走路で搭乗待ちをしている飛行機まで走ってタラップを上る。息を切らして、さっきまで座っていた席へ座り、手荷物を足元へ押し込んで急いでシートベルトを締めた。二回目の渡航で気持ちに余裕があったのも束の間、離陸の途端どっと疲れが襲ってきた。油断は禁物だ。

飛行機が極夜のロングイヤービンへ到着し、空港の入り口にスタンバイしていた街行きのバスへ乗車した。今晩は「The University Centre in Svalbard」、通称「UNIS（ユニス）」と呼ばれる世界最北の大学の施設に泊まる。極地研はUNIS内にオフィスを借りており、関係者は大学のゲストハウスへ宿泊することができる。ゲストハウス近くのバス停で降りると、バスは街の奥へ消えていった。道路には車も人もおらず、私だけが静かな道路にポツンと取り残された。空からは、視界を遮るほどの雪が降ってきて周囲の景色が良く見えない。雪に埋もれながら車道と歩道が一体化した道路を歩き、ようやくゲストハウスを見つけた。玄関でバス停から引きずってきたキャリーバッグの車輪に詰まった雪を落として靴を脱ぐ。久々に靴下でつるつるとした硬いフローリングを歩くと、スバールバルへ戻ってきた気がする。

宿泊する部屋へ入ると、ベッドに置かれた鳥のタオルアートが目に入った。作り手の器用さに感心しつつ、崩すのがもったいなくなり、ベッド脇に積んである別のタオルから使い始めることにした。

翌日、午前中に極地研のオフィスを点検し、午後一で荷物を持ってロングイヤービン空港へバスで向かった。ニーオルスン行きの飛行機に搭乗するため、空港の格納庫まで迷うことなく直行し、時間に余裕があるので二階の待合室でコーヒーを飲みながらのんびり待っていると、急きょ飛行機からヘリコプターに変更になったとのこと。安全講習を受け終わると、すぐに手荷物だけを持って機体へ乗り込むように言われ、急に慌ただしくなってしまった。機内ではローターの振動音が、装着したイヤーマフごしに頭へ響き、窓から見える闇を見ながら色々と考える間も与えてくれない。騒音で思考がかき消されたまま、飛行機と変わらない速度であっという間にニーオルスンへ到着した。滑走路へ降りてバスへ乗り込み、町まで移動する。バスがいつもの方向ではなく犬舎の角で曲がったところで、サービスビルが改築中だったことを思い出した。毎週関係者宛に送られてくる代表者ミーティングの議事録には、昨年私がニーオルスンを去った後、サービスビルの什器を大会議場へ移動しているという記述があった。バスが大会議場の前に到着し、玄関のドアを開ける。床には靴箱へ入りきらない防寒靴が散乱しており、すでに夕食の時間を迎えてたくさんの人がいることがわかった。

久々に実家に帰るような少し照れくさい気持ちで階段を上がり食堂へ入ると、KBの職員達から「Welcome back!(おかえり)」と次々に声をかけられる。彼らに会釈をしたり手を振ったりしながら食事をお皿に取りテーブルへ座ると、向かいのテーブルにいたAWIPEVの滞在員達と目が合った。彼らは年末年始も母国へ帰らず、ニーオルスンに滞在している。食事中のグレッグが、私のテーブルまで来て「久しぶり！」とハグしてきた。第二の家に帰ってきた気分になる。食事を終えてお皿を返すと、すれ違ったKBの職員から「今日、Bandyだよ。来るよね！」と声をかけられた。長旅で疲れているが、無邪気な笑顔での誘いを断れない。ジムで久々のゲームに汗を流し、荷物を放り出したままの居室へ戻ってシャワーを浴びる。蛇口を全開まで捻ってから、シャワーヘッドから何も出ないことに気付いた。洗面台の蛇口からも水は出ず、仕方なく脱いだ服をもう一度着てジムへ戻り、クールダウンしていたエスペン達に助けを求めた。KBの担当者に連絡を取ってもらうと、上水が凍ってしまっているとのこと。しばらく使っていない建物ではよく起きることらしい。配管が融けるまでジムのシャワーとトイレを使うように言われ、初日から不便な生活が始まった。ジムと日本の観測所の距離は百メートルほど。外の気温はマイナス十度なので、普段なら上下にヒートテックを着てダウンジャケットとダウンパンツで完全防備するが、シャワーの後はできれば薄着で移動したい。Tシャツの上に防寒着を羽織り、裸足のまま防寒ブーツを履いて、雪に埋もれながら観測所まで走る。玄関へたどり着くと、乾き切っていない前髪が凍ってワックスを付けたように固まっていた。

到着初日から始まった水のトラブルはＫＢの対応で無事に解決し、翌日には上水が出るようになった。ニーオルスンは恵まれた施設だと改めて思う。昭和基地では、貯水池と水槽に貯めた水を生活用水に利用しているが、冬場は水が凍結するため、基地内の電気を供給しているディーゼル発電機の排熱を使って液体の水を維持している。造水装置による一日の造水量にも限界があり、昭和基地に滞在する隊員は常にシビアな節水が求められる。一方で、ニーオルスンでは、水の制限がなくシャワーや洗濯が自由にできる。インフラも整っており、電気や海底ケーブルによる高速インターネットが不自由なく使え、三食の食事もＫＢが用意してくれる。ニーオルスンにいると、時々、北極にいることを忘れて、海外の普通のホテルに泊まっているかのような錯覚を起こしてしまう。シャワーを浴びながら、足元に水たまりができていることに気付いた。排水口へ流れていかない水がどんどん溜まっていき、今にも部屋まで溢れ出しそうだ。急いでＫＢへ連絡を入れると、どうやら下水も凍っているとのこと。再びジムを往復する日が始まり、ニーオルスンといえども極地の水事情が厳しいことを痛感した。

賑やかなドライブ

ニーオルスンに到着して以来、天気が悪い。ノルウェーの天気予報サイトで週間予報をチェックすると、連日雪と強風のマークしか付いていない。気圧が下がる度に腕時計のストームアラームが作動して、一日に何度も音が鳴る。いつもは真っ黒で何も見えない窓には、雪がびっしりと貼り付いて真っ白だ。二階の観測デッキには雪が積もって押し戸が開かなくなっており、わずかに開いたドアからデッキを覗くと、膝下の高さまで雪が積もっていた。天気が回復してから除雪しようと思っていたが、翌日になると雪がきれいさっぱりなくなっており、サラサラした雪であれば、強風で自然に吹き飛んでしまうことがわかった。湿った雪が延々と積もっていく昭和基地と比べると、ニーオルスンは除雪が比較的楽かもしれない。

天候の悪い日は外に出たくないが、一日中観測所に閉じこもるわけにもいかない。食堂が目の前のサービスビルから大会議場に移ったので、一日三回は食事のため外出する必要がある。部屋の窓からは雪が横殴りに流れていく様子が見え、風速は十五メートルを越しているだろう。駐車中の車はボディが見えないくらいに雪がぎっしりと付着し、除雪するにも時間がかかる。大会議場まで歩くことを決めて、出発前に防寒服に隙間がないか入念にチェックする。特にポケットのチャックは要注意で、完全に閉まっていないと、隙間から雪が入り込んで雪玉ができてしまう。完全装備で外へ出ると、頭にかぶったフードの中は猛吹雪で激しい轟音に包まれた。足元を見ると、吹き飛んでいく雪が川のようにうねって流れている。歩き始めて十メートルも進まないうちに、雪の丘に足が埋もれて道路が塞がっていることに気付いた。この丘はドリフトと呼ばれ、建物の風下にテール状の積雪が溜まることで形成される。白色光のLEDライトでは雪が反射して起伏がわからない上、ゴーグルも極夜で使えるようなクリアタイプが用意できず、スモークタイプでは視界が暗い。結局、観測所へ一度戻って、比較的平坦に雪が積もっている裏道を通って大会議場へ向かうことにした。

食事の帰り道、吹雪の中をふらつきながら歩いていると、ピックアップトラックが私の横に停まった。助手席を開けて「Takk!（ありがとう）」と言い、アウターに積もった雪をバサバサと払いながらシートに飛び乗る。運転席では、車両整備担当のトウが笑っていた。町では吹雪の中でも、車を運転している人は多い。降雪がなく積雪が強風で吹き上げられているだけであれば、人間の背丈よりも目線の高い車で移動するほうが視界は開けるので、猛吹雪でない限り、大会議場へは車で移動するほうが安全かもしれない。最近は吹雪に限らず、何かと乗り物に同乗させてもらうことが多い。歩いて大気観測所へ向かっていると、年明けにニーオルスンへ来た、イタリア学術会議（CNR）の極地科学研究所に所属するマルコがスノーモービルの後ろへ乗るように声をかけてくれた。私も彼らにならい、車の運転中は歩いている人に声をかけるようにした。何度か車でピックアップすると、中国とイタリアの滞在員達を乗せることが多かった。中国の車は故障中、イタリアはスノーモービルしか持っていなかったので、天気の悪い日は歩いて大会議場へ向かっていたようだ。短時間のドライブ中、車内ではこれから旅行でも行くかのようにわいわいとよく喋る。いつしか彼らとは顔馴染みとなり、日本、中国、イタリアのグループができていった。

ある日、マルコからパスタパーティーに招待され、中国の滞在員のフーと一緒にイタリアの観測所へ向かう。黄色く塗られた木造の観測所は「Dirigibile Italia」と名付けられ、北極探検に使われた、イタリア号という飛行船の名前に由来している。玄関を抜けると、イタリア語が書かれた飛行船のレリーフが壁に飾られていた。さらに廊下を抜けてリビングへ入ると、日本の観測所とは対照的な木の色を基調にしたレトロなリビングが広がっていた。ゆで立てのパスタを皆で食べ、CNRの研究者からグラスにワインをついでもらう。パスタがもちもちとして美味しく、生パスタかと思い聞いてみると、乾麺をあらかじめ水に浸けておいたとのこと。食事の話から話題はいつものように南極の話となり、そして、言語の話に変わった。マルコ達の名前に漢字の当て字を付けることになり、フーと二人でクイズをしているかのように考える。今晩も相変わらず天気は悪いが、部屋では私達の笑い声が響いている。冬のニーオルスンは、観測に訪れる短期滞在の研究者が少なく長期滞在者が多いせいか人間関係が濃い。困った時はお互いに助け合うことも自然に増えてきた。

北極へ渡った観測機器

二月に入り、気温はマイナス二十度まで下がっている。食堂で紅茶を紙コップに入れて車へ乗り込み、一口飲んでハーッと白い息を吐いた瞬間、フロントガラスの内側が霜で凍り付き前が見えなくなった。極地で一度付いた霜は塩の結晶のように硬く、車内の空調だけで融かすには時間がかかる。これからラベンへ行く予定だったというのに、寒い車内で泣く泣くスクレーパーで霜をこそぎ落とす。後部座席には、先人達が苦労して使ったであろう欠けた樹脂製のスクレーパーがいくつも転がっていた。ニーオルスンで走っている車には、日本では見慣れない電源ポートがフロントバンパーに設置されており、駐車中は屋外にある電源スタンドからケーブルを引いて電源を供給する。一見、電気自動車の充電に見えるが、この電源はエンジンを温めるブロックヒーターに接続されており、寒冷地でのエンジンの始動を助けてくれる。昨年までサービスビルの電源スタンドを使っていたが、改装中のため近隣の建物にあった屋外コンセントを使っていると、他の機関専用とのこと。日本の観測所には電源スタンドがなく、やむなく電源をつながないまま一晩駐車すると、翌朝にはエンジンがかからなくなってしまった。ＫＢに日本の観測所へ屋外コンセントを設置してもらうよう依頼し、施工が済むまではドラムリールを使って室内から電源を取ることにした。低温で硬くなったケーブルを車の前で一生懸命引き回している間、町の道路では買い物カートのようなソリに乗った人が、雪道を蹴りながら颯爽と滑っている。キックスレッドやスパルクと呼ばれるソリで、ちょっとした移動に使われる自転車代わりの乗り物だ。木のハンドルに金属のレールが付いた簡素な造りだが、やはり極地ではシンプルなものが一番扱いやすいのは間違いない。

いつものように誰もいないリビングで仕事をしていると、慌てた様子のグレッグから電話が入った。ニーオルスンへ来る日本人に、フライトが前倒しになったという情報が伝わっていないとのこと。ドイツの研究プロジェクトに参加する日本人がニーオルスンへ来ることは知っていたが、悪天候でフライトが前倒しになることは把握していなかった。初めてニーオルスンへ来た時もそうだったように、フライトは前倒しされることが多い。グレッグから電話番号をもらって代わりに電話をかけ、午後になり無事に日本の気象観測機器メーカーの社長がニーオルスンへ到着した。今回、彼はエアロゾル観測のワークショップへ参加すると聞いている。ニーオルスンには初訪問ということで、天候が回復した後、観測機器が設置されている場所を案内することにした。ちょうどラベンには、メーカーの製品である日射計と魚眼レンズの付いた全天カメラが設置されており、屋上デッキまで一緒に上がってもらった。

屋根の上にやぐら状に設置されたデッキは、見晴らしが良く、太陽を遮る建物が周囲にないため、日射の測定や空の撮影には最適な場所だ。設置された機器は観測所の移転もあり現在は停止しており、日本の研究者から取り外しを依頼されていた。木製の手すりに固定された機器を外し、つながっているケーブル類を回収していく。長年過酷な環境に設置されていたせいか、固定に使われていた結束バンドは劣化しており、軽く引っ張るだけで自然に切れていった。ふと彼を見ると、外した日射計の側面に書かれたシリアル番号を確認している。聞くと二十年前に作った製品だという。自身の手で作ったものが地球の果てに設置され、長い時を経て再会するというのは、どんな気持ちになるのだろうか。同じ技術者として心情を慮り、当時を思い出している彼の横顔が不思議と目に焼き付いた。

緑のレーザー光線

ニーオルスンでは天気の良い夜に、緑色のレーザー光線が天頂に向けて発射される。正体はＡＷＩＰＥＶの観測所にある「エアロゾルラマンライダー」という観測機器。発射したレーザー光により大気中で散乱する光を望遠鏡で測定する方法で、上空のエアロゾルや水蒸気の分布を観測している。測定対象となる光や観測機器の種類は違えど、このようにエアロゾルの観測に光を用いることは多い。暗い部屋でカーテンのすきまから光が射した時、普段は肉眼で見えない埃が見える様子は誰もが思い浮かぶだろう。これを観測するというと、測定原理がわかりやすいかもしれない。町からレーザーが発射される光景は異様だが、私にとってはニーオルスンをサイエンスの町たらしめる、一つのシンボルのように思える。

ワークショップの一環として、AWI（アルフレッド・ウェゲナー研究所）の研究者が観測所の見学ツアーを組んでくれたので私も社長に同行して参加することにした。AWIPEVの観測所には、日本の研究者が管理する観測機器の制御パソコンが設置されているため、何度も入っているが、他の観測部屋には入ったことがない。普段は施錠されているレーザーの射出装置がある部屋や、屋上の天体ドームの中も案内してもらった。時折、知らない専門用語が混じるも、研究への熱意に圧倒されて聞き入ってしまう。情熱がある研究者の話は、いつ聞いても面白い。夜はイタリアの観測所で懇親会が開かれ、スペインの研究者がお土産に持ってきた生ハムをご馳走になった。彼らは前足一本を持参しており、皆で何度おかわりしても足が小さくなる様子は一向にない。案の定、翌日も食べに来ないかと誘われてしまった。

ワークショップのプログラムが全て終わり、大雪になる前に社長は帰っていった。一人になったリビングで、テーブルに置かれたノートを開く。観測所の開設当初から、日本からの訪問者や宿泊者の所感が書き記されている芳名帳だ。新しく書かれた一番下の欄を見ると、

「人生最高の旅でした」と書かれていた。決して「ホテル・ヴェクストゥース」の管理人ではないが、ここでの生活に満足してもらえて良かったと感じた。自分の好きな土地を、初めて訪れた人に好きになってもらえた嬉しさかもしれない。

歴史ある町並み

いつもの昼食。テーブルでフーと最近はまっている自家製のクリスプブレッドを食べる。定番の長方形とはかけ離れた、タコ煎を割ったようないびつな形をしているが、ライ麦とナッツがたくさん入っていて美味しい。見た目のせいか誰も手をつけないので、消費しているのは二人しかいない気がする。バリボリと食べながら話していると、皿を持ったマルコが隣へ来て、会話に入ってきた。話題は中国で流行しているという未知のウイルス。最近はイタリアでも発症者が増加しているという。感染者の多い都市から遠く離れた北極にいるものの、感染拡大のスピードが早く不安に感じる。不穏な話題とは対照的に、食堂に隣り合う会議スペースでは、最近テレビで放映されたというスバールバル諸島を巡るクルーズ船の番組が巨大スクリーンに映されていた。ニーオルスンも番組に登場し、町中の風景やツェッペリン観測所でNPI(ノルウェー極地研究所)のエンジニアがインタビュアーに観測の説明をしているシーンが流れている。一週間以上ループで流れているので、テーブルの奥から「もう見飽きたよ」という声が聞こえた。

ニーオルスンはサイエンスの町として知られるが、貴重な史跡を持つ観光地という側面もある。観光の見どころは、炭鉱時代と探検時代の建築物だろう。一九一六年に、KBの前身となるKBKC社は、ニーオルスンに石炭鉱山を開山した。鉱山から港までは線路があり、かつて運搬に使用されていた蒸気機関車は現在も港の近くに残されている。一九二五年には、探検家のロアール・アムンセンが飛行船「ノルゲ」で北極を目指す拠点としてニーオルスンに滞在しており、ファー付きのフードを被ったアムンセンの巨大な頭像が、サービスビルの正面にある広場に建てられている。一九五六年頃には、二百人近くの就労者やその家族で町は賑わい、当時使われていた住宅や郵便局、ホテル等が現在も残っており、青、白、黄などといったカラフルな塗料が塗られた建物は、その色のとおりブルーハウス、ホワイトハウス、イエローハウスといった名前が付けられている。いずれも炭鉱時代の古い建物に関わらず、滞在員の住居や観測施設として現役で活用されているのは驚きだ。それゆえに、町の風景は「国際観測拠点」という言葉で想像する近未来的な印象はなく、北欧の小さな町にしか見えない。木造の建物が現在まで何十年も維持できているのは、史跡の保全を担うKBの努力に加え、低温環境によりカビやバクテリアの分解が遅いことも一因にあるかもしれない。昭和基地にも、一次隊が使っていたというオレンジに塗装された木造倉庫が残っていることを思い出した。ニーオルスンは炭鉱で栄えたが、鉱山の事故により死亡者が相次いだため、一九六三年に鉱山は閉山となり、住民は皆去っていった。その後、ＮＰＩが観測施設を開設したのを皮切りに、世界各国が集まる地球最北のサイエンスの町として見事に生まれ変わった。かつては二酸化炭素の排出源となる石炭を掘っていた場所が、今では気候変動の研究が盛んにおこなわれる観測拠点となっているのは、時代の流れと言えるだろう。

ニーオルスンには世界最北と言われる無人の博物館があり、現地の歴史が展示されている。ある日、時間が空いたので中へ入ってみることにした。木製の青いドアを開けると、館内の電灯が自動で点き、きれいに陳列された展示品や説明ボードが目に入った。一階には炭鉱時代に使われていたヘルメットやドリルが、その反対側には古いオーロラ撮影用の全天カメラが置いてある。二階には北極探検で使われた飛行船の模型や錆に覆われた細長い水素ボンベが展示されていた。一階に戻って奥の部屋へ入ると、滞在員のインタビューパネルが貼られており、皆、どういう経緯でニーオルスンに来たのだろうと気になってしばらく立ち止まった。順路に沿って館内を周ると、最後の展示品は病院で使われていた昔の医療器具だった。現在のニーオルスンには、ＫＢの看護師が常駐しているが病院はない。重大な事故や病気があれば、ロングイヤービンに搬送され、さらに重篤であればノルウェー本国で治療を受ける必要がある。場合によっては、治療が間に合わない可能性もあり、極地であるがゆえに充分な医療を受けるのは難しい。滞在者は事故や病気に充分注意して過ごし、極地へ行く前には入念な健康チェックが必須であることは言うまでもない。

一通り展示品を見て、外へ出ると、静かに降り続ける雪の中で、赤い光の街灯に照らされた博物館がビンテージ映画のセットのように見えた。時々ニーオルスンで感じる、現実かどうかわからなくなる時空間の錯覚だ。炭鉱時代と探検時代、そして、観測時代が混ざっている町ならではの感覚かもしれない。

北極を散歩する

二月中旬を過ぎると、天気の良い日が増えてきた。晴れた日に雪原の白い地平線と空との境界に現れるピンク色のビーナスベルトを見ていると、その美しさに外の寒さも忘れてしまう。漆黒だった海は紺色に変わり、満月の日にしか見えなかった雪山も今でははっきりと見えるようになった。ニーオルスンを囲むように連なる雪山の中でも、ピラミッドのように尖った三つの山は、それぞれスベア、ダナ、ノラという名前がついており、並んでいる様子が王冠に見えることから「スリークラウン」と呼ばれている。以前、売店で買ったエコバッグやお土産には、この山のイラストが描かれており、ニーオルスンのシンボルと言えるだろう。南側にそびえるツェッペリン山の影に入り、町には日差しは届いていないが、山の裏では太陽が昇り始め、町の向かいに位置するスリークラウンは山頂だけが赤く染まって苺のショートケーキを連想させた。

食堂では、滞在員達がツェッペリン山の裏までスノーモービルで太陽を見に行ったという話で盛り上がっている。昭和基地でも全く同じ話題があったことを思い出し、聞いていて思わず笑みがこぼれた。これから極夜が終わる北極では、年始ではない極夜明けの「初日の出」が一大イベントだ。南極でも、極夜が終わる七月頃に初日の出がある。日本では当たり前にある太陽が、極地で暮らす人にとってはとても貴重だ。太陽を見に遠く離れた場所へ行こうというバイタリティが生まれるのも、極地ならではかもしれない。

休日にKBで事務を担当しているボーディに誘われて、犬の散歩へ行くことになった。ニーオルスンでは五、六匹の犬が飼われており、KBが交代で世話をしている。夜になると、カラフルなLEDバンドを付けた犬ゾリが猛スピードで町の道路を走る光景もニーオルスンの日常として見慣れてきた。今回はソリを付けず、町から三キロメートルほど離れた場所にある、新設のVLBIアンテナがある観測施設へ向かって散歩する。連れていく犬は、黄と青のオッドアイが特徴的な大きなアラスカンマラミュート。野外ではいち早くホッキョクグマを見つけて知らせてくれるらしい。そんな話をしていると、空港の近くで急に犬が立ち止まった。一瞬ホッキョクグマかと思ったが、目線の先にはスバールバルトナカイの群れがいた。お互い見つめ合いながら立ち止まっていたのも束の間、犬は好奇心が移ったのか、急に私に覆い被さってくる。大型犬の不意打ちになすすべもなく押し倒され、雪に埋められたまま、温かい舌で顔中をべろべろと舐められた。やがて散歩を再開し、雪浴びを始めたり、落ちているスバールバルトナカイの角をかじったり、犬の気ままな道草に付き合いながら、一時間以上かけてＶＬＢＩの施設へ到着した。巨大なパラボラアンテナが二基設置された最新の施設には、本格運用が始まる前ということもあって誰もおらず、いつか見学の機会があれば中へ入ってみたいと思った。

帰り道、ラベンの近くで白くて丸い鳥が歩いていた。初めて見るスバールバルライチョウだ。真っ先に、「サンダーバード」という言葉が思い浮かんだが、彼女に鳥の名前を聞くと、英語名は「Tarmigan（ターミガン）」とのこと。写真を撮ろうと私達はスバールバルライチョウに夢中だが、犬は興味を持たず先を急ごうとする。犬にリードを引かれながら町に到着したのは、出発してから三時間後。犬舎まで犬を送って、ボーディと別れた。雪道を散歩して景色を楽しみ、スバールバルライチョウに出会う。ニーオルスンに来てから、観測所の往復ばかりで他の場所へ行ったことがなかったせいか、北極に住んでいるというのに、久々に北極へ行ってきた気分になった。

北極で世界とカンパイ

週末の土日は、朝食と昼食が一緒になったブランチが提供される。普段の朝食よりメニューが豪華で、様々なパンや卵料理、ソーセージやフライがビュッフェ台に所狭しと並べられる。中でもチョコレートが入ったクロワッサンは人気が高く持ち帰る人も多い。私の好物でもあり、移動中にクロワッサンの層が潰れないようビニール袋へ空気をパンパンに入れて大事に観測所まで持ち帰る。現地の滞在員には私の行動が奇妙に見えたようで、皆に笑われてしまった。土曜日はブランチに続いて、夕食にも豪華な料理が提供される。食堂のテーブルにはキャンドルが灯され、白いクロスの上には折り畳まれたナプキンとワイングラスが席に並べられる。前菜には野菜のグリルやチーズ、メインはトナカイのステーキや鴨のロースト、食後のデザートにケーキやアイスも用意されており、一流レストランへ来た気分だ。滞在員達も普段はアウトドアメーカーや所属機関のロゴが入った服を着ているが、週末の夕食だけは襟付きのシャツやドレスで着飾る。極地であっても、定期的にフォーマルな格好で日常を楽しむのも良いものだ。昭和基地でも、スーツを着てディナー形式で食事をする催しがあり、これも日常と非日常が逆転してしまう極地ならではの文化かもしれない。土曜の晩は食堂にお酒を持ち込むことが許されており、多くの人は売店で買ったワインを持ってくる。しかし、最近はカールスバーグの六缶パックをテーブルに置いている人が多い。ＫＢや研究グループとも少し雰囲気が違う彼らは、サービスビルを改装している建築会社の社員達だ。北極で暮らす日本人が珍しいのか、私に声をかけてくる人も多く、以前、食堂で話をした社員のキムに「こっちのテーブルに来いよ！」と呼ばれ、日本のことを興味津々に聞かれた。

ニーオルスンに滞在していると、彼のように人見知りせずに話かけてくる人が一定数いる。所属機関や国のコミュニティができている中、一人で滞在している日本人に声をかけづらいこともあるだろうし、何となく気まずい雰囲気を周囲から感じることもある。それでも、スーニバやマルコをはじめ何人かは、国や所属の境目がないかのようによく話しかけてくれる。好奇心で国境を軽々と超えていく彼らを、私はいつしか尊敬の目で見るようになった。そして、グローバル感覚を持った彼らと話すうちに、自分が他国の文化や言語に興味を持っているようで、実はそれほど持っていなかったことに今更ながら気付かされた。皆、知っている日本語を使って「ありがとう！」と挨拶してくれるのに、私は英語以外の言葉を知ろうという気持ちが少なかった。誰もが母国語で話しかけられると嬉しいのは決まっていて、挨拶された相手は必ず笑顔になる。せめて「ありがとう」くらいは、友人達の母国語で話せたほうが良いに違いない。同じテーブルで飲んでいたポーランド出身の社員に日本語の乾杯を聞かれて、「カンパイ!」と答える。私も彼に母国の乾杯を聞くと、「Na zdrowie!」と教えてくれた。何度も聞き返し、野帳に「ナ・ストラービヤー」とカタカナで書いて、ようやく発音できるようになり、再び乾杯を交わす。彼は、「あなたに健康あれ」という相手を思う言葉だと誇らしげに話してくれた。いつもより賑やかなテーブルで、普段はノルウェー語の「Skål!(乾杯)」という声しか聞こえないのに、今日はポーランド語と日本語の乾杯が入り混じっている。他のテーブルからも、真似をして「カンパイ!」という声が聞こえた。イタリア語の「Salute!」という声も聞こえてくる。意図せず、「ありがとう」より先に世界の「乾杯」を覚えてしまった。

眠るホッキョクグマと眠れない人間

三月に入ると、気温がぐっと低くなり、マイナス二十五度の日が続いている。この温度は私にとっては、寒さが痛覚に変わる世界の変わり目だ。太陽の高度も上がり、ようやく日差しも町へ届くようになったが、気温は下がる一方。気象データから気温の平年値を確認すると、ニーオルスンでは年間で三月の平均気温が最も低かった。南極で慣れ親しんだ気温に心が踊り、もっと気温が下がらないかと期待した。

外が明るくなり、動物をよく見かけるようになった気がする。私自身が動物を視認できるようになったこともあるが、町中に残された動物の足跡は明らかに増えている。雪の上には、ホッキョクギツネの足跡が高床式になった建物の床下から、道路を挟んだ隣の建物へ続いていた。警戒心が強くなかなか姿を見せないが、サービスビルの床下に住みついているという話も聞く。スバールバル諸島の固有種であるスバールバルトナカイは、いつものように人目も気にせず、雪の下にある植物らしきものを夢中で食べていた。私達がイメージするサンタクロースのソリを引くトナカイと違って、脚と首が短く、体型はずんぐりとしている。毛に覆われた角のない個体は、まるでイノシシのようだ。

大気観測所でサンプリングを終えて、デッキで観測機器を確認していると、町の方角から「ヒューン」という聞き覚えのある音が鳴った。以前、サービスビルの裏に三頭のホッキョクグマが現れた時に聞こえたフレアガンの音だ。続いて二発目のフレアガンの音が鳴り、立ち上った煙の位置から、海側でホッキョクグマが出現したことがわかった。急いで部屋へ戻ると、別の部屋で観測していたマルコが外出禁止令の無線が入ったと知らせてくれた。午後になり、ホッキョクグマが町から海氷上に移動したと聞いて港へ車を走らせた。港にはウォッチメンの車が海の方角へ向かって停まっており、車内から監視を続けている。港に面したマリンラボには、窓辺に多くの人が集まっていた。歩いている最中に遭遇したくないが、北極に来たからには剥製ではなく生きたホッキョクグマを一目見たい。岸壁からカメラの望遠レンズをのぞくと、海氷上をゴロゴロとするホッキョクグマが見え、しばらくすると動かなくなり寝てしまった。ホッキョクグマの発見やその後の監視は、現状では目視に頼っていると聞いている。車内にいるウォッチメンは眠そうなうつろな顔をして海を見つめていた。

夜の終わりと昼の始まり

三月から日本の研究者が二人滞在し、日本の観測所は賑やかになった。一時は宇宙船のように感じたリビングで、人とすれ違うようになったのは新鮮な気分だ。彼らに最近流行しているというコロナウイルスの話を聞いたが、現状日本では影響がなく、空港でも足止めされなかったらしい。今回、研究者達は雲の粒子を測定する観測機器をゾンデに設置して、ＡＷＩＰＥＶの観測所から放球すると聞いている。ＡＷＩＰＥＶは毎日、上空の気温や湿度、風向、風速といった気象データを観測するゾンデを飛ばしており、日本の観測所にはない設備を持っていた。放球のサポートは、ラマンライダーを運用しているエンジニアが担当してくれるとのこと。機器を準備するためＡＷＩＰＥＶの観測所へ行くと、顔見知りの彼から「Good Morning!」と声をかけられ、私も同じ挨拶を返した。すでに時刻はお昼を過ぎているが、彼は夜も観測しているためか、いつでもおはようと挨拶してくる。

観測用のゾンデは雲が出ている夜間に放球するという条件があり、研究者は上空に雲が出ると夜中の放球時間に合わせてAWIPEVへ出かけていった。ニーオルスンの緯度では、極夜と白夜が四ヵ月ずつあり、残りの四ヵ月は昼夜がある。三月は昼と夜の時間があり生活リズムを整えやすいが、観測できる夜の時間が体感できるほどに日に日に短くなっている気がする。ニーオルスンの暦を確認すると、この時期は昼に侵食されるかのように夜が一日二十分ずつ短くなっていた。中緯度にある日本では季節の差があっても、昼夜の変化は最大でも一日三分くらいにとどまるだろう。極夜の間延びしたような夜長に慣れていたが、極地ではつるべ落としのような急激な昼夜逆転があることに気付かされた。星時々オーロラの天気も終わりが近い。

極夜開けのパーティー

食事が終わると、仕事へ戻る人々で大会議場の玄関はいつも混雑する。似たような防寒靴が散乱しているので、自分の靴を見失って床を見回している人が多い。玄関にはサービスビルのクロークルームから移設されたホワイトボードがかけられ、「サンパーティー」と書かれた派手なチラシが貼られていた。極夜明けを祝うパーティーで、スキー大会も開くらしい。参加するか迷ったが、玄関で靴を履きかえる度に、皆から出ないのかと聞かれるので、重い腰をあげて出場者の名簿に「Falke」と名前を書いた。

スキー板は町の共用品を借りられると聞いたが、ラベンに廃棄扱いとなった古いスキー板と靴が残されていたことを思い出し、もったいないので使ってみることにした。日本の観測所まで持ってきて道路で試しに履いてみると、踵が固定されないクロスカントリースキーと気付く前に、細い板の上で足首が曲がり尻もちをついた。果たして滑ることができるのか不安を抱えたまま、スキー大会の当日を迎え、スタート地点となる犬舎の前まで板を抱えて歩いて行くと、すでに競技用のタイツを着ている人や、仮装している人がスタンバイしている。犬のリードを腰に付けている人は、犬スキーで参加するようだ。皆がスタートにつくとピストルが鳴り、先頭のグループはあっという間に見えなくなった。コースは道路から外れた、これまで来たことのない場所に設けられており、小さな丘に囲まれた谷の平坦な場所を滑っていく。慣れない板で何度も転びながら、ラベンの奥にある木造の小屋へゴールし、皆の歓声を浴びた。小屋の前では、皆ドリンクを飲みながらホットドッグを食べている。寒い中で体のカロリーを使い果たし、見ているとに急にお腹が空き出した。私も用意されたクーラーボックスから、お湯に入ったソーセージを取り出してバンズに挟んで頬張る。帰り道は、スタートした時よりも上達して、往路よりも早い時間で町へ戻ることができた。Bandyも然り、社会人になってから新しいスポーツに挑戦することになるとは思わず、誘ってくれた皆に感謝した。

サンパーティーのイベントは夜も続き、「夏らしい格好」というドレスコードの通り、皆アロハシャツやラフなTシャツを着て、飾り付けされた会場へ入っていく。テーブルには、ボーディに頼まれて作ったカラーナプキンの折り鶴が置かれていた。料理のシュラスコを食べ終わると、やがてダンス大会が始まり、会場で踊る人が増えてきた。季節を楽しむという文化は世界共通だ。特に季節がはっきりしない極地では、少し派手なイベントを開催するのも納得できる。昭和基地でも、模造紙で作った桜でお花見を開き、ブルーシートを引いた廊下でいつもより豪華な料理を食べたものだ。同じテーブルにいたキムと日本の話をして、隣にいたAWIの研究者から光ファイバーを使った気象観測の話を聞き、皆よく飲んで食べて楽しんだ。日本の観測所へ戻った後、忘れ物をしたことに気付いて夜中に会場へ戻ると、祭りの後の寂しげな雰囲気が立ち込めていた。床に落ちていた風船だけを片付けて、誰もいない会場を後にした。

北極に迫りくるもの

サンパーティーの翌日、ＫＢのダイレクターから町に滞在する全員宛にメールが届いた。ノルウェーの公衆保険研究所の方針に従って、感染拡大が続いている指定国からの入国者に対し、十四日間の隔離をするとのこと。指定国のリストには日本が含まれていた。ちょうど、日本の研究者がロングイヤービンまで来ており、明日ニーオルスンに到着する予定と聞いている。対応を確認するため、ダイレクターを探し回ったがなかなか捕まらず、ＫＢの事務所にいたマネージャーへ日本人が明日到着することを伝えた。彼は険しい表情で私の話を聞き終わると、やがてダイレクターへ電話をかけてくれた。ノルウェー語のやりとりが続き、受話器を置いた後の表情から、これから話されることが何となくわかった。

「ニーオルスンは小さなコミュニティだから、ウイルスが入るとすぐにダメになってしまうんだ。来るのを中止してもらえないだろうか」

日本外務省からの通知では、隣国のデンマークでも感染者が増えて死者が発生しており、状況は悪化の一途をたどっていた。ニーオルスンの近くまで来たというのに残念だが、急いで研究者へ連絡を取りＫＢの意向を伝えた。感染の波は日を追うごとに拡大し、ロックダウンを決めた都市も報道されている。当初は三月にコペンハーゲンを経由して帰国する予定だったが、デンマークに乗り入れする国際便が欠航となり、予約していた日本への直行便は変更せざるを得ない。外堀を埋められるかのように国際便が次々と欠航になっていき、日本へ帰れないのではないかという不安が現実味を帯びてきた。極地研へ連絡し、滞在予定を繰り上げて日本人全員が帰国することが決まり、なんとか新たな帰国便を旅行代理店におさえてもらった。それでも、飛行機の運行予定は、毎日のように便が変更されたり欠航になったりと安心できず、外務省や在ノルウェー日本大使館から届く通知メールを開く度に、日本やノルウェー本国への渡航が禁止されないかハラハラとする日が続いた。ニーオルスンでは感染対策としてジムや共用施設の利用が中止となり、食堂では同じグループ内で固まって食事をとるルールが追加された。町はひっそりとしてゴーストタウンのようだ。後ろから雪道を歩く音がしたので振り返ると、スバールバルトナカイだけが佇んでいた。

私達が緊急帰国を決めた頃、海外機関でも現地に残る人と帰る人が決まり始めていた。家族の心配をしていたフーは、無事に帰国便を確保でき、帰っていった。マルコは感染拡大が激しいイタリアへは帰らず、ニーオルスンに残るとのこと。KBやNPI、AWIPEVも施設や観測を維持するため、一部の滞在員が残ると聞いている。誰かが残らなければ、観測が止まってしまい、その期間のデータは欠損になってしまう。滞在中の日本の研究者は帰国するとしても、私は一緒に帰るべきなのか？　色々と考えが駆け巡った。

出発前の晩、イタリアの観測所へ挨拶に行った。リビングへ入ると、マルコ達が集まって、『National Geographic』の北極特集を見ており、カオジロガンの雛が崖から落ちるシーンで悲壮な声を上げていた。声をかけるタイミングを見計らいながら、今週帰ることを皆に伝える。エスペンが私の目を見て、「帰るなよ」と静かなトーンで言った。思わず目を伏せてしまった。今のところ、町で体調不良者が出た情報はなく、新たにニーオルスンへ入ってくる人もいない。昔読んだ筒井康隆の『霊長類南へ』では、主人公が核戦争から逃れて南極へ向かっていた。人類の存続に関わる脅威が起きると、人々が極地へ逃げるストーリーは多い。今やニーオルスンは最果ての孤立集落となり、文明から離れた極地のほうが安全という考えもあるだろう。残るべきか帰るべきか複雑な気分のまま、皆に別れを告げて日本の観測所へ戻った。

友人達を北極に残す

ニーオルスンを発つ日。大会議場の手前にある車両整備場の前に車を駐車した。ここには電源スタンドがあるのでブロックヒーターが使える。とはいえ、次に車を使う日本人がいつ来るのかわからない。整備場の前にいたトウに車を置いていくと伝え、帰国の挨拶をした。

別れ際に、「スキー大会に参加してくれてありがとう」とお礼を言われた。少し勇気を出してコミュニティに飛び込んだだけだったが、喜んでくれる人がいて良かった。再会を祈って整備場を後にし、燃料タンクのある丘の上まで雪道を歩く。この丘から見る光景が私は好きだ。青空の下、真っ白なツェッペリン山の麓に色とりどりの建物が散らばり水彩画のように美しく見える。

日本の観測所へ戻り、防寒着と生活用品をコンテナボックスに詰めて、倉庫へ持っていった。残置品には保管期間を書いて表示するルールがあるが、「二〇二〇年三月～」とラベルを書いて、期限は書かなかった。居室とリビングに忘れ物がないか確認し、研究者と日本の観測所を出て大会議場へ向かう。ロングイヤービンから飛行機が来るまで、レセプションの前にあるソファーで待っていると、見送りの人が集まってきた。向かいのソファーに座ったヘルゲに次の出張予定を聞かれて、「夏頃……いや、しばらくは来られない気がする……」と答えがくぐもり、一緒に話を聞いていたNPIのエンジニアが察したかのように悲しげな表情を浮かべた。はっきりと言わなかったが、しばらくはニーオルスンに来られないだろう。最悪、この滞在が最後になるかもしれない。見送りに来たグレッグやマルコらに別れを告げて、空港行きのバスに乗る。手を振りながら、彼らを北極に残していく悲しさが胸を締め付けた。

観測隊の夏隊に参加していた頃を思い出す。夏隊は約一年間現地で活動する越冬隊と昭和基地へ行くが、夏期間が終わると越冬隊を残して先に日本へ帰国する。衣食住をともにし、同僚を越えた友人達を地球の果てに置いていく悲しさを感じ、多くの隊員は別れ際のヘリポートで号泣する。極地では事故や病気があっても助かる保証がなく、あってはならないが二度と会えない可能性もある。極地の仕事に就いてから感情の動く場面に遭遇することが多い。南極ではゴーグルで目を隠せたが、今は目を伏せるので精一杯だった。

ロングイヤービンに到着すると街は普段通りで変わった様子はない。スバールバルでは、まだ感染者が出ていないと聞いている。一見何も起きていないように見えたが、入ったカフェで店員がニーオルスンに滞在していたことを証明するレターをこわごわと受け取る様子を見て、住人ではない私達が外から来た恐れられる存在になっていることを認識した。二日後、日本の研究者とUNISのゲストハウスを出て、オスロ行きの飛行機に搭乗した。経由地のトロムソ空港に到着しタラップを降りると、すぐに白い防護服を着た人々に囲まれ、外に建てられたテントまで連行される。映画のような光景に、本当に現実で起きていることなのか疑ってしまった。体温の異常はなく無事にオスロ行きの飛行機に搭乗できたが、この先どこで感染するかはわからない。待合いロビーでは咳をしている人も多い。旅行代理店の手配の元、オスロ、ストックホルム、ヘルシンキと将棋の歩を一マスずつ進めるかのように隣国を渡り、ようやく成田行きの便に搭乗することができた。会話のない静かな機内で、マスクをしたまま眠りにつき、やがて飛行機の窓から青白い夜明けの地平線が見える頃、自然と目が覚めた。飛行機は成田空港に到着し、一緒に帰国した研究者に別れを告げて、手配された車へ乗り込んだ。後部座席から、流れゆく東関東道の景色をうつろに眺める。満開の桜が咲く毎年見られる何の変哲もない景色に、本当にウイルスが流行しているのか疑問に思った。残してきた皆は大丈夫だろうか。心は此処にあらず、ニーオルスンへ飛んでいっていた。

一週間の自宅待機を終えた日、日本政府は緊急事態宣言を発出した。ノルウェーへの渡航は禁止となり、しばらくニーオルスンには行けないだろう。滞在員として採用されたというのに、日本で在宅勤務を続けていると気分は沈む一方だ。自宅から見える桜が散って春が過ぎさり、セミの声とともに夏が来て、空に秋の鱗雲が見えるようになり、やがて青空が見える関東の冬が来てしまった。現地に残って日本の研究者のために観測を継続すべきだったのか、それとも日本へ帰るべきだったのか。結果論に準じた答えだけで、どちらが正しかったのか悶々とする日々が続いたまま、帰国して早くも一年が過ぎようとしていた。

3

北極に戻る

2021.9.10-12.7

北極へ続く関門

二〇二一年九月十日、京成成田。止まらない汗を拭きながらホテルに入ると、薄暗いフロントには透明のカーテンがかかり、自動チェックイン機だけが正面に置かれていた。誰もいないフロントでチェックインを済ませて部屋にキャリーバッグを置き、慌ただしくホテルを飛び出し、再び京成線に乗ってPCR検査を受けるため成田空港へ向かう。国際便のフライトは翌日だが、空港で検査を受けた後は、成田で前泊して結果を待つことになっている。予約した検査場へ行き、恒例の細長い綿棒を鼻の奥に突っ込まれた。何度受けても慣れない検査で、綿棒が鼻の奥を突き抜けて脳まで届く光景を想像して体が硬直する。たぶん、小学生くらいの頃、エジプトのミイラが鼻から脳みそを掻き出して作られるという本を読んだ影響かもしれない。陽性であれば今日中に連絡を入れると聞いて、京成成田へ戻った。願掛けしたくなり、閑散とした参道を歩いて成田山へ向かう。急な石階段を駆け上がって本堂へ行き、賽銭を投げ入れた。無事にニーオルスンへ到着できるようにと祈った。

翌朝、空港で陰性証明書を無事に受け取り、第一関門をクリアできたことにほっとした。空港は閑散としており、閉館しているかのように静かだ。チェックインカウンターへ向かい、空港スタッフにスバールバル行きを告げて、受け取ったばかりの陰性証明書とNPI（ノルウェー極地研究所）のレター、そして、特別要件のプリントアウトを渡した。日本からノルウェーへの入国禁止措置は続いていたが、研究目的でスバールバルへ向かう者は入国が特別に許可されている。時間をかけて説明し、スタッフに一通り確認してもらって、一時間後に搭乗許可が下りた。誰もいない空港を搭乗口まで歩き続け、時々、スマホでノルウェーの入国規制が変更されていないかチェックする。搭乗時刻になり飛行機へ乗り込むと、機内には空席しかない。百人以上が搭乗できるエアバス機に、乗務員を除いて十人程度しか搭乗していないようだ。広くてくつろげるはずが、どうも落ち着かず、機内で一睡もしないまま、到着まで映画を五本も立て続けに見てしまった。

ヘルシンキに到着後、パスポートコントロールで陰性証明書とレターを出し、今度はオスロへ向かう。オスロ空港の入国審査でまたレターを一枚ずつ出そうと思ったが、面倒になってガラスの隙間から書類の入ったポケットファイルをそのまま女性警官に渡した。几帳面にまとめていたせいか、書類が整理されていることに彼女は感心し、笑顔で入国を許可してくれた。安心したのも束の間、すぐに職員に引率されて預け荷物を受け取り、空港の外にあるテントで抗原検査を受ける。陰性結果が出た後も肌寒いテントの中で二時間待ち、ようやく隔離されるホテル行きのバスへ案内された。ホテルは入国者が指定できないので、どこへ向かっているのかわからず不安が募る。バイパスのような広い道路を飛ばすバスは、やがて側道を降りて、ホテルの前に止まった。今日からここで十日間の隔離が始まり、七日目に受けた検査で陰性であれば、早めに隔離が解除されるという。時刻は、もう午後九時近く。部屋へ入るとすぐに夕食の弁当が渡された。紙箱にぎゅうぎゅうに詰められたマッシュポテトとビーフシチューを食べると、ノートパソコンを開く気力もなく、すぐにベッドにダウンした。ニーオルスンへの道のりは長い。

翌日、渡された隔離生活の手引きに一日二時間の外出が許されると書いてあったので、運動がてらホテルの外へ出ることにした。もちろん、隔離者には行動制限があり、人が集まる場所へは行くことはできない。警備員が見張る中、ホテルの玄関で外出時刻と名前をノートに書く。すっきりした風が吹く秋晴れの下、ホテルの前の駐車場には視線のおぼつかない宿泊客達がゾンビのようにあてもなく歩いていた。灰皿の近くには、タバコを吸っている人が、お互いに距離を保ちながら立っている。結局、目的のないまま二時間も外にいられず、早々とホテルへ戻ってしまった。帰着時刻をノートへ書く時、ちらっと他の宿泊客の欄に目を移すと、皆早めに帰ってきており同じ隔離者として気持ちがよくわかった。

ようやく隔離七日目を迎え、部屋で検査の連絡を待っていたが、フロントから電話はない。何か手違いが起きたらしく、結局、隔離期間が満了となる十日後に隔離が解除されることになった。隔離の終了日、朝からホテルのロビーで健康状態の面談を受けるため列に並ぶ。人が多いせいか時間がかかり、隔離解除の認定は結局正午となってしまった。フロントでチェックアウトを済ませて昼食はいらないと話すと、スタッフは厨房へ消えていき、予想外にも弁当を持って笑顔で戻ってきた。もう用意してしまったと聞いて、断ることもできず、「外で食べるよ。Takk!」と言ってホテルを出た。弁当の中身は、隔離中に何度も食べたクスクスとオーロラソースのかかった鶏足のグリル。外で食べる隔離食は、自由の味が加わったのか部屋で食べるより断然美味しく感じた。

地球は広いが世界は狭い

ロングイヤービンへ移動する日。早起きをして午前七時にオスロ空港に到着した。スバールバル行きのチェックインカウンターに並ぶと、私の後ろには、みるみるうちに長蛇の列が伸びていった。搭乗者全員の陰性証明の確認があるせいか、搭乗手続きに時間がかかる。四時間かけてパスポートコントロールまでたどり着き、へとへとになったまま出国審査で再びポケットファイルごと警官へ渡す。警官は書類とパソコンを見比べていたが、そのうちお互いの顔を見て思い出した。入国を担当してくれた女性警官は、すぐに笑顔でゲートを通してくれた。ロングイヤービン行きの飛行機に搭乗すると、通路を挟んだ隣のシートには見慣れたKBのマネージャー。私と同じ便でニーオルスンへ行くとのこと。偶然が続いている。ロングイヤービン空港に到着し、小雨の中、UNISのゲストハウスへ向かった。冬に見た雪景色はなく、あたりには黄褐色の草原が広がっている。街中には工事の金網が至るところに立っていた。鍵を受け取りゲストハウスの部屋へ入ると、ゾウのタオルアートがベッドに二頭並んでいた。いつものようにベッド脇のタオルから使い始める。コロナで緊急帰国した時の記憶を逆戻りしている気分になった。

横浜を出発して十三日目。ようやくニーオルスン行きの飛行機に搭乗する日を迎えた。同じ北半球にある日本と北極は比較的距離が近いというのに、コロナのせいで、隔離期間を含めた移動時間を考えると、とてつもなく遠い場所になってしまった。ロングイヤービン空港の格納庫へ向かうと、見覚えのある男性が犬を連れている。エスペンだ。私がニーオルスンへ行けない間に任期が終わったと思っていたが、またシェフとして戻ってきたらしい。ロングイヤービンには犬の健診を受けに来たとのこと。元気そうな顔を見て安心した。格納庫へ移動し、ニーオルスン行きの飛行機には、私とマネージャー、エスペン、そして、犬二匹が搭乗した。スバールバルの上空は、見慣れない青緑色の海と茶色の大地が広がっている。やがて飛行機は空港に到着し、バスは改装工事が終わったサービスビルへ向かった。玄関へ入ると、見慣れた顔が次々と声をかけてくれる。駆け寄ってきたグレッグがコロナ式の挨拶で肘を突き出してきて、マルコがそんなことは関係なしにハグをしてきた。グレッグは十六ヵ月の任期を終えた後、一年おいて二回目のステーションリーダーに。マルコも一度帰国してまた赴任してきたとのこと。

あの日、最後の別れを覚悟していたというのに、皆と再会できるとは思わなかった。それは、世界は広く、一度散り散りになれば、二度と会うことはないと思っていたからだ。距離という概念で世界の広さを考えていた今までの認識は、どうやら間違っていたのかもしれない。同じ目的を持った人間は、そこが北極であろうと、また同じ場所で再会できる。地球は広いが、世界は私が思ったより狭かったようだ。

北極で今起きていること

挨拶のラッシュを終え、食堂で私より先に隔離を経て現地入りしていた日本の研究者達と合流した。彼らは五日後には帰国すると聞いていたので、その間に引き継ぎや、夏にしか実施しない観測に立ち会う必要がある。午後から、陸上生態系の研究者が野外観測サイトでサンプリングすると聞き、急いで野外装備をまとめた。空港付近の観測サイトへ歩いて向かうと、土が露出した大地に、黄色や赤に変色した背の低い植物がところどころに生えている。

歩いていくと植生は葉先の尖ったイネ科植物に変わり、荒野に点在して生える植物の塊が、海底に散らばったウニのように見えた。一キロメートルほど歩いて観測サイトへ到着すると、再び周囲の植生は、背の低い植物に変わった。近づいて観察すると、枯れかけた植物に混じって、緑の苔や白い地衣類、シメジのようなキノコも生えている。北極で初めて見る、想像以上に多様な植物達に興奮して、足元ばかりを見て歩いてしまった。

木の柵で覆われた観測サイトは川べりにできた堤防のような高台にあり、南側にはツェッペリン山、さらにその奥にはラベンからも見える巨大なブレッガー氷河がある。私のいる高台と氷河の間には赤茶けた広大な更地が広がっており、赤い川が血管のように分岐して脈々と流れていた。ここは氾濫原と呼ばれる平野で、河川によって作られた地形だ。見覚えのある場所もあり、以前参加したサンパーティーのスキー大会では、皆で凍結した氾濫原を滑っていたようだ。雪の下にこのような地形が隠れていたとは思わず、極夜でわからなかったニーオルスンの地形を満月の日に初めて見た時と同じような感覚を覚えた。

観測サイトの周りにはウサギの糞を固めたようなものが落ちており、研究者へ聞くとスバールバルトナカイの糞とのこと。この観測サイトでは、長期にわたって陸上生態系のモニタリングをしており、センサーやカメラが設置されている。気候変動による生態系の変化を確認するため、植物を食べたり地面を荒らしたりするスバールバルトナカイが観測サイトに入らないよう周囲は柵で囲まれていた。今回は付近にある表面土壌をサンプリングすると聞いており、研究者は苔の生えた土壌を正方形に切り出して袋に詰めていった。

北極の生態系研究と聞くと、ホッキョクグマの研究を想像する人もいるかもしれないが、実際には大型哺乳類だけではなく、調べる対象はマクロからミクロまで無数にある。哺乳類を始め鳥類や植物、目には見えない微生物、ひいては土壌中の有機物まで研究範囲は想像以上に広い。有機物には多くの炭素が含まれており、分解されることで大気中へ二酸化炭素となって放出される。この二酸化炭素は海に吸収されたり、光合成で植物によって吸収されたりというように、炭素は様々な場所へ移動し、地球上をぐるぐると循環している。私が関わってきた地球科学の研究は、この「炭素循環」を明らかにするというテーマが多く、循環が変化した場合、温室効果を持つ大気中の二酸化炭素がどのように濃度変動を起こすかという、地球の将来予測につながる。生態系を含めこれから何が起きるのか私達は研究を通して正しく評価する必要があるだろう。

サンプリングが終わり、霧雨が降る中、フードをかぶって町へ戻る。雨がハードシェルの生地の上で、大きな水滴となり次々とフードのふちをつたっていくのが横目に見えた。研究者から、温暖化により冬に雪ではなく雨が降ると地表が凍り、氷を割れないスバールバルトナカイが植物を食べられずに餓死するという研究があると聞いた。私達人間の活動が、北極の生態系に影響を与えている可能性は十分にあるだろう。

赤い川と白い川を渡る

研究者の野外活動は翌日も続き、今度は氾濫原での土壌のサンプリングに同行した。サンプリング地点は複数あり、氾濫原の道なき道を東西にまたぐように移動していく。硬い土壌を歩いていると思えば、岩場、礫、砂、泥、柔らかい苔というように地表が次々と変わるので、歩き方のリズムが掴めない。普段、舗装された道を歩いていると実感できない、「地球を歩く」というのはこんな感触だろうかと、一歩一歩地面を踏みしめた。

やがて川岸にたどり着き、胴長靴に履き替えて、水深の浅い場所を探していく。水は赤色に濁っており、川底は見えない。川幅の広い浅そうな場所を選んで、転ばないようカニ歩きしながら慎重に渡る。激しい水流に体を押しやられながら、ももの上まで浸かって川を渡りきった。しばらく胴長靴のまま歩いたが、やがて地表が角ばった礫に変わり、胴長靴に穴が開くと困るため、面倒ながらも登山靴へ履き替える。氾濫原には支流が多く、その後も胴長靴と登山靴を何度も履き替えながらサンプリング地点を回っていった。

西方面へ向かうと、川の水は支流の合流地点を境に赤から白に変わり、さらに白い川をさかのぼっていくと、西ブレッガー氷河の氷縁に到着した。クレバスがある無骨な氷河ではなく、表面はなだらかで、氷の上には氷河が削り取った石が無数に散乱している。氷縁と地表の間からは、おびただしい量の水が流れ出しており、一目で氷河の融解水だとわかった。ニーオルスンでも年々、氷河が縮小し氷縁が山側へ後退していると聞いており、今シーズンでどれだけの氷が融解するのか気になる。西ブレッガー氷河付近でのサンプリングを終え、東ブレッガー氷河へ進路を移すと、川の水は再び赤色に変わった。川辺にできた淀みには、細かい鉱物が混じった赤い濁流が木星の模様のように渦巻いている。東ブレッガー氷河の氷縁も西ブレッガー氷河と同じように土や小石に覆われ、グレイシャーブルーと呼ばれる氷河の美しい青色は見られない。氷縁から溢れ出した泥だらけの融解水で、氷河は赤黒く汚れていた。周囲には氷河が作る小高い丘のモレーンが無数にあり、石だらけの無機質な風景は、生命のいない別の星へ来てしまった気分にさせる。振り返って海側を見ると、はるか遠くにラベンのVLBIアンテナが見えた。普段はラベンから遠目に見ていた氷河だが、実際に現場で見ると想像とかけ離れている。フィールドワークは、このギャップを埋められるので面白い。全地点のサンプリングを終えて、町へ続く道路に出ると、地球を歩き慣れたせいか、舗装された平坦な道が逆に歩きづらくなり、足が踊ってしまった。

研究者が帰国すると野外活動に同行して観測の説明を受ける機会がないため、翌日も疲労感が残る足で、町から約七キロメートル離れた「ステュファレット」という観測場所を目指した。道路以外の場所は、地表に生息する動植物を傷めないよう、車や自転車の乗り入れが禁止されており、重い機材を背負って徒歩で目的地へ向かう。今回のルートには川がなく、礫と苔が混じった平坦な場所をひたすら歩いていく。時折、苔を踏むと、含まれた水が高野豆腐のように染み出して、登山靴を濡らした。曇り空の下、湿気を帯びた冷気を浴びながら二時間ほど歩き、ようやく観測場所に到着した。

ステュファレットには、東西に伸びた高さ五十メートル以上はあるテーブルマウンテンのような台地があり、剥き出しになった崖の断面には、地層の横線がはっきりと入っている。崖の麓には広大な苔の湿原が広がっており、苔の間には湧水のように透き通った水が流れていた。研究者は苔の間を流れる小さな川に流量計を設置している。町から遠いこの場所には電気や通信が届いていないため、バッテリー交換やデータ回収のため定期的に通う必要があると聞いた。ライフルを持って海側の高台に上がりホッキョクグマが来ないか見張りしていると、遠くに動くものがありぎょっとしたが、まだ越冬地へ旅立っていない、数匹のカオジロガンだった。

連日、野外活動に同行して、ニーオルスンの新たな場所を知ることができた。それは、道がなくなった先に広がる北極の雄大な自然だ。町中も十分自然に溢れていると感じていたが、人間活動の影響を受けていない野外観測に適した場所は、さらにその先にある。国外から飛行機で行くことができ、生活拠点の徒歩圏内に観測場所があるニーオルスンは、研究の場として最適だ。野外活動は、スバールバルの環境保護法に基づいておこなう必要があり、規制はかなり多い。自然環境に負荷を与えてはいけないのは当たり前であると同時に、この規制は人間の影響を受けていない貴重な研究場所を守ることにもつながるのかもしれない。

北極で筋肉を付ける

日本の研究者が帰国し、いつものように観測所には私一人になってしまった。窓の外には、降った雪が融けずに残っており、コロナ前と同じ雪景色が広がるようになった。北極には明確な季節の区分がないが、平地に積雪するまでを夏季とするならば、到着してたった五日の短い夏であった。

居室で前回の滞在時に残置したコンテナボックスの私物を整理する。中から一年前に売店で買った板チョコを発見し、貯食を見つけたリスのように袋を開けてかじった。コンテナを整理しながら、コロナ前の滞在を思い出す。今回、再会できたメンバーもいるが、半分程度の人は入れ替わってしまった。現地に長期滞在するKBの職員や研究機関のエンジニアは、研究者と違って任期のある人が多い。九月のこの時期には、さらに人員交代があり、各機関では滞在員同士の引き継ぎもおこなわれている。

代表者ミーティングの進行は、新しくNPIのリーダーに着任したルーンに。出席者もグレッグやマルコ、KBの職員以外はメンバーが変わっている。ミーティングでは、スバールバル諸島での研究活動を調整する機関である「スバールバル・サイエンス・フォーラム」、通称「SSF」の現地視察について説明があった。SSFのメンバーが各機関の観測所を見学するとのことで、スケジュール表には日本の観測所も書かれている。ニーオルスンの仕事に就いて一年以上経っているものの、全ての研究活動を説明できるか心配だ。極地研に説明用のスライドを確認してもらい、一人でリハーサルをしながら当日を迎えた。十人ほどの視察者をリビングへ招き入れ、壁に映したスライドを使って日本の研究活動について説明する。説明を終えると見学者から、日本の研究ビジョンについての質問があった。私の技術職員としてのビジョンは研究者の意見と違うかもしれないと心配になり、自分の意見を飲み込んで、総意のような回答しかできなかった。うまく伝えられず気落ちしていたが、SSFをアテンドしていた、KBの観測担当をしているスペインが笑顔でサムズアップを送ってくれた。私が初めてニーオルスンに来た時から世話になっている彼には、いつも元気付けられる。

ニーオルスンには長期滞在者が参加するSNSのグループがあり、私も滞在が長いためグループに入れてもらっている。普段の通知はBandyの開催情報だが、珍しくサーキットトレーニングを始めるという投稿があり参加することにした。ジムへ行くとダンベルやマットが床に用意されており、人数が揃うと主催者のルーンからタバタトレーニングの説明があった。短時間の運動と休憩を一セットとして、徐々に負荷を増やしていき、ピークに達したら負荷を減らしていくトレーニングだ。グループに別れて、腕立て、腕立て＋腹筋、腕立て＋腹筋＋マウンテンクライマーと、セットの負荷を増やす。ブートキャンプの隊長のように、ルーンは声をかけながらトレーニングを続けていく。だんだんと間に挟む休憩時間が足りなくなり、体が痛みで動かない。終わった頃には、皆、激しく息をしながら床に倒れ込んでいた。それでも、疲れを共有した一体感からか、ニーオルスンへ新しく来た人も長くいる人も皆笑顔で顔を見合わせる。それから、私は毎週のトレーニングに参加するようになり、ルーンと話す機会も増えていった。

初めてニーオルスンの仕事に着任する人は、誰もがコミュニティに入る不安が少なからずあると思う。そんな中、新しく始まったトレーニングは、町の皆にとってアイスブレイクになったに違いない。

北極で迎える最後の日

十月に入り、ラベンで長年レーダーを使って雲を観測していた日本の研究者が到着した。ニーオルスンには、約二週間滞在し、研究プロジェクトの終了にともない設置中の観測機器を撤収するとのこと。本来は大学を退官する前に来る予定だったが、コロナ禍で渡航が一年延期となり、ようやく現地入りが叶ったと聞いている。ラベンの観測コンテナの中には、レーダーのアンテナやその制御機器がぎっしりと入っており、極地研からは撤収作業の補助を依頼されていた。「観測コンテナ」という言葉は一般的でないかもしれないが、大気や海洋の研究業界では、輸送用コンテナの中に観測機器を設置して、そのまま船上や現場へ持っていく観測は珍しくない。いわば移動型の実験室で、電源やネットワークを確保できれば、どこでも観測することが可能だ。研究の話をしていると、以前、私が乗船していた観測船に観測コンテナを載せたことがあり、乗船者会議で会ったことがあるかもしれないとのこと。研究テーマは地球規模だが、業界は狭く、知らぬ間に会っていたり、共通の知り合いがいたりということはよくある。

ある日、大気観測所の室温が異常上昇していると、日本でデータをチェックしている研究者から連絡が入った。最近は気温が上がらず、枯れた植物には六角形の角板状結晶が覆っているくらい寒いというのに、室温が上昇するのはおかしい。急いで大気観測所へ行き、観測機器を設置している部屋へ入ると、ボイラー室へ入ったかのように暑く、柱にぶらさがった赤いアルコール温度計を見ると四十二度を指していた。閉め切った部屋で機器の排熱が溜まり、室温が上がってしまったようだ。今年KBに設置してもらったエアコンは機能しておらず、そもそも、マイナス気温で屋外のコンプレッサーが正常に機能するのかも疑問だ。ツェッペリン観測所でも同様に室温が上昇する話を聞いており、通年の室温管理はどこの観測所でも課題になっている。一方で、暑い部屋の温度を下げるのは簡単だ。空調が入っていない廊下へ続くドアを開けるだけで、気温はすぐに下がっていった。

雲レーダーの観測コンテナは、冷凍や冷蔵貨物に使われる海上輸送用のリーファーコンテナを使っており断熱性がある。研究者にコンテナ内の温度調整を聞くと、普段は機器の排熱だけで部屋が温まるとのこと。それでも室温が低くなった場合は温熱ヒーターが自動で稼働し、逆に室温が上昇すると外気を導入するファンが動くように設定していると聞いた。冬になると外気温と室温の差が五十度以上になることも珍しくない極地だが、熱を発する観測機器と天然の冷気をうまく使えば、温度調整は難しいようで単純かもしれない。

コンテナ内にある機器の解体と搬出は着々と進んでいく。廃棄品の分別や処理は、以前、一人でラベンの片付けをしていたこともあって、私自身の作業が早くなり、アーランドに聞かなくても大体の処理はわかるようになっていた。作業の目途が付いたので、休日に広報活動もかねて、研究者とサービスビルの裏手にある「アムンセンマスト」と呼ばれるタワーまで散歩することにした。このタワーは当時、アムンセン達が飛行船を係留するために使っていたもので、食堂からもよく見えるが、ライフルの携行区域に入っており気軽には行けない場所にある。私がライフルを担ぎ、二人でタワーへ向かって雪道を歩いていく。しかし、サービスビルから近いと思っていたタワーは、歩いても歩いても小さなままで一向に到着しない。ようやく土台まで行き、三角形のトラス構造で組まれたタワーを仰ぐように見上げた。アムンセンマストは約三十五メートルと、十二階建てのビル相当の高さがあり、近くで見ると思ったより大きい。周囲には背の低い植物しか生えておらず、背後には山と海だけが広がっているせいか、サイズも距離も見誤っていたようだ。タワーの下には、「AMUNDSEN - ELLSWORTH - NOBILE TRANSPOLAR FLIGHT 1926」と書かれた銘板が貼られており、飛行船で北極点に到達した偉大な三人の探検家達の名前が記されていた。プロジェクトを終え、研究者はニーオルスンへの渡航がこれで最後だと話してくれた。一時間に満たない散歩だったが、何かニーオルスンらしいものを見て帰ってほしいと思った。

研究者が帰国してから、いつか迎えるニーオルスン最後の日のことを考えるようになった。最近は引き継ぎを終えた人のフェアウェルパーティー（送別会）が連日のように開催されており、私も期限というものを意識せざるを得ない。研究者は研究テーマが変わらなければ、定年までの比較的長い間、ニーオルスンに通うことはできるかもしれないが、有期雇用の技術職員である私は、いつまで現場の仕事が続けられるか確証はない。ニーオルスンでは任期を終えた人が町を去る日に、皆でノルウェーの旗を持ってサービスビルの前に並び、太鼓や笛で騒がしく音を立てて空港行きのバスを見送る文化がある。ふと、私が最後にニーオルスンを発つ日を想像した。いつかの再会を祈って見送りは断り、決して「Good bye!」とは言わないだろう。

北極に飛ぶ日本のロケット

十月中旬を過ぎて極夜を迎える頃、JAXA宇宙科学研究所のグループがロケット観測のためニーオルスンに到着した。私は極地研から現地サポートを依頼されており、この観測に合わせて今回の出張予定が組まれていた。サービスビルまで車で迎えに行くと、私が日本語を話すことに驚く人が多く、極地研の職員が現地にいることを知らなかった人も多かったようだ。二日に分けてグループ全員が到着し、ニーオルスンにいる日本人は私を含めて総勢二十五名になった。ニーオルスンに滞在する人は、ノルウェー出身者が多くを占めており、その次に多いのはイタリア、フランス、もしくはドイツ出身者だろうか。日本やアジア圏の国は地理的に遠いこともあり、普段から滞在者が少ないが、今のニーオルスンは日本人村のようになっている。

ＪＡＸＡの観測ロケットはアンドーヤスペースの発射場から打ち上げるとのこと。港の倉庫には機材が入った木箱が大量に届いており、グループは到着した日から準備を始めていった。作業を見学させてもらうことになり、倉庫へ入ると機材やテーブルが展開され、実験場に様変わりしていた。今まで大気や海洋を中心に観測の仕事をしてきたので、宇宙の知識はほとんどない。床に置かれた俵形の巨大な金属容器は耐圧容器に見えるが、ロケットのパーツを輸送する専用ケースとのこと。分野が違うと、見たことのない機材が多く、ケース一つにしても面白い。隣の倉庫では、ロケットの先端部分を天井クレーンで吊って移動しており、皆真剣な表情で作業していた。今回の観測で使用する「SS-520」の三号機は、直径五十センチメートルほどのコンパクトな観測ロケットで、スバールバル上空にあるカスプ領域へ観測機器を飛ばし、直接観測をおこなうと聞いている。地球を包む磁気圏は地球の磁力線に沿っており、スバールバル上空で漏斗のような形状に収束して地表へ向かう。この漏斗状の場所をカスプ領域と呼び、地球から最も近い宇宙領域と言われている。宇宙の研究者にとって、スバールバルは観測場所として魅力的であるに違いない。

準備作業を終えたロケットは港の倉庫から発射場へ移動され、打ち上げウィンドウの期間に入ったが、連日のように吹雪が続き発射できない日が続いた。普段は風で吹き飛ばされる雪も珍しく何日も積もっていき、KBが重機で道路を除雪しても、一向に減る様子はない。長い吹雪の影響でインレットが雪で詰まったのか、ツェッペリン観測所で機器に異常が出たと連絡があり、天候が落ち着いた日にNPIと観測所へ向かうことになった。屋外デッキでの確認を終えてラベンの方向を見ると、遠くに見えるロケットの発射台が発射角度を向いてスタンバイしている。今日こそ飛んでほしいと願いながら、日本にいる研究者とオンライン接続してトラブル対応を続けていたが、やがて発射ウィンドウの時間を過ぎてしまった。今日の発射はないだろうとしばらく作業を続けていると、KBの清掃スタッフが、「ロケットが飛ぶよ！」と叫んでデッキへ走っていく。皆に遅れてデッキへ出た瞬間、周囲に爆発音が響き、ロケットが発射されたことがわかった。空には轟音が響き、ロケットの軌道に沿って白い雲が伸びていく。やがてロケットは見えなくなり、空に残った白い雲は、直線から形を崩していき、ハートの形へ変わった。発射の瞬間は見逃したが、天候の悪い日が続きグループのメンバーがやきもきとしている様子を見てきたので、無事に発射できたことに安心した。

ツェッペリン観測所から町へ戻ると、グループの皆が満足そうな顔をしている。発射ウィンドウの時間を過ぎての発射判断に関係者も驚いたそうだが、上空の現象を逃さすことなく狙い通り発射できたとのこと。夕食には、ＫＢのシェフが「SS-520-3」と書かれたロケット型の長いケーキを用意してくれており、お祝いムードに花を添えてくれた。発射成功に喜ぶ彼らを見ながら、目標に向かってチームを組んで仕事するのも良いものだなと改めて思った。

つい最近、昭和基地と日本に滞在している、越冬隊時代の同僚達とリモートで話したこともあり、南極に滞在していた頃を思い出した。観測隊の大きな目標は、南極地域の研究観測を進め、新たな知見を得ることだ。そして、隊全体の目標から越冬中の隊員にフォーカスすると、目標は安全に越冬期間を終えて次の隊にリレーをつなげることにあるかもしれない。越冬後半には全員揃って日本に帰るという気持ちも芽生え、越冬交代日の二月一日に向けて燃え尽きるかのように一丸となって働く。ロケット観測のメンバーを見ていると、極地という自然に翻弄されながら感じた隊員同士の強い連帯感を思い出し、当時を懐かしく思った。

最高落札額を出す

日本を出発する前、キムからニーオルスンへ行くという連絡が入った。コロナで帰国して以来会っていないが、お互い釣りが趣味なので、魚が釣れる度にＳＮＳで写真を送り合っていた。サービスビルで再会した彼は、以前と変わらず元気そうだ。特にコロナ禍では、お互い元気で良かったという安堵も入り混じる。今回は工事ではなく、サービスビル改装一周年のセレモニーに出席するためニーオルスンへ来たとのこと。他の友人と同じように、彼ともしばらく会えないと思っていたのに、想像以上に早い再会だった。

ちょうどキムが滞在している間、町ではチャリティオークションに向けて出品物を募集しており、私は日本製のコマを出品することにした。このコマは、工業メーカーが作った三分以上回転する精密ゴマ。以前、オーストラリアの友人にプレゼントして喜んでくれたので、渡す人を決めずにギフト用として買ってきたものだった。オークションの開催日、夕食後の作業を終えて大会議場へ入ると、皆ディナーの時のように着飾っている。港に機材を移動した後に立ち寄った私は作業着のままだったが、着替える間もなくオークションは始まってしまった。場違いな格好で座るテーブルを見失っていると、トウが私をKBのテーブルに呼んでくれた。TVオークションという、このチャリティイベントはノルウェーの国営放送であるNRKが運営しており、ニーオルスンだけでなくノルウェーの各地で開催されている。毎年テーマがあり、今年は児童婚反対活動に、収益金が使われるとのこと。この問題はSDGsに含まれているのに、今まで私は考える機会がなかった。オークションが始まると、参加者の出品物がプロジェクターに映し出され、皆手を挙げて値段を言っていく。「100!」「200!」とテーブルから声が上がる。価格はどんどん吊り上がり、別のテーブルから「1,000!」

「2,000!」という声が上がる。一瞬聞き間違いかと思ったが、単位はNOK（ノルウェークローネ）で、日本円では「1NOK」が約十三円だ（二〇二一年当時）。どの出品物も数万円程度で落札されていき、とても手が出せない。オークションは進んでいき、ついに私のコマがプロジェクターに映された。物珍しかったのか、他の出品物より値段がどんどん上がっていき、最後に落札したのはKBのダイレクターだった。皆、すごい落札額だと驚いている。オークションが終わり、参加していたキムが、「高過ぎて落とせなかった」と声をかけてくれた。最終価格は聞き逃したが、今回出品された中で最高落札額だったらしい。何も落札できなかったものの、少しはこの活動に貢献できたことに満足した。

イベントが多い北極生活

ロケット観測のグループは発射を終えて、貨物船で返送する機材を片付けている。トロムソ発の貨物船は月に一回程度、ロングイヤービンを経由してニーオルスンに寄港する。船が到着する週は忙しく、大型の観測機材や高圧ガスの入ったボンベを荷出しして、さらには日本から届いた機材を荷受けする作業もある。そして、町の皆が楽しみにしているのは、船に載せられた生鮮野菜と「タコスマラソン」。貨物船がニーオルスンに到着した週の金曜日にはマラソン大会が開かれ、夕食に生野菜がたっぷり入ったタコスを食べるイベントが開かれる。いつもは遠くから応援しているだけだったが、たまにはと思い、ホワイトボードの募集用紙に名前を書いた。今回は滞在中のロケット観測のグループからも二人がエントリーしている。走行距離は約三キロメートルで、町の周囲を三周するコース。各国の観測施設の前を通るので、世界一周コースと言えるかもしれない。

サービスビルの裏に参加者が集合し、合図の音で皆走り出す。あまり足が速くない私は、すぐに先頭集団から引き離され、前後には人がいなくなってしまった。気温はマイナス十五度。口元をネックウォーマーで覆っていると、吐く息で生地が凍りつき固くなっていく。街灯の光が届かない大会議場の裏まで走っていくと、星空にうっすらとオーロラが出ていることに気付いた。「オーロラマラソン」。良い響きだなと思う。転ばないよう足元を見て走っていたが、オーロラを見上げながら走っていると、姿勢が良くなったのか少しスピードが上がった。なんとか走り抜き、私は七位でゴール。一位はレース常連でスポーツ万能な空港担当のベガード。二位、三位はロケット観測のメンバーだった。その晩の食堂は賑やかで、タコスは外を走った後の私の胃にいくつも入っていった。

貨物船が出港し、ロケット観測のグループは全員が帰国した。約一ヵ月間という長いようで短い期間だったが、彼らのロケット発射の場に立ち会って喜びを共有させてもらい、何より所属に関係なくグループの輪へ入れてくれたことに感謝した。地球の果ての極地と地球外の宇宙。分野は違えど、地球とかけ離れたフィールドをテーマに働く人のマインドは、どこか共通するものがあるように感じる。

夕方に売店へ行くと、見覚えのある年配の男性が買い物をしていた。コロナで緊急帰国する前に話したことがあるドクターだった。彼は昔、ニーオルスンで働いていたと聞いている。翌日、そのドクターによるニーオルスンの歴史講演会が開かれた。会議場のプロジェクターには、町の博物館でも見たことがない炭鉱時代の映像が映されていく。古いセピア色の映像の中で、子ども達がスキーをして遊んでいた。知っている風景がないか探すと、建っている位置が変わっているものの見慣れた建物も映っている。そして、ツェッペリン山を始め、山々の景色は今も昔も変わらない。町には笑顔の人が溢れ、玄関先でバケツから出した餌をホッキョクグマにあげている。映像の中では、寒く厳しい北極が感じられず、ほのぼのとした風景が広がっていた。ニーオルスンでは研究者によるサイエンストークに加え、このような文化的なイベントも毎週開かれている。講師も多彩で、銅版画のアーティストやスバールバルを徒歩で横断している冒険家が講演してくれることもある。ニーオルスンは炭鉱、探検、観測時代といった複数の歴史を経ている上、今では多国籍なコミュニティがあり、とてもユニークな場所と言える。それゆえに、ニーオルスンとは何なのか？　という質問に対して、私はすぐに答えられない。それは、単純に研究観測の視点から「国際観測拠点」と表すには、言葉足らずで収まりきらないからだ。理系、文系問わず様々な専門分野から見たニーオルスンの話を聞けるイベントは、私自身がこの場所を理解する上で重要だ。

ニーオルスンでは文化的なイベントとは対照的に、福利厚生に近いイベントも開かれ、チョコレートの専門家やロングイヤービンでビールを製造している醸造会社が招かれることもある。まさか日本ではなく北極でこんな経験ができるとは、と思うイベントも多く、滞在中に知見が増えていく楽しみはまだまだ止まらない。

空に貼り付いた星

極地でオーロラや天体を撮影するのも、滞在時の楽しみだ。周囲に大きな町がない極地は光害が少なく、極夜に入れば昼間でも夜空が撮影できる格好の場所と言える。太陽活動が強ければオーロラを、オーロラが出なければ天体を。南極で過ごした時と同じようにニーオルスンでも、晴耕雨読のような悠々自適な撮影を続ける。仕事が終わり、今日はオーロラが出そうにないので、観測所の前で星を撮影することにした。ポータブル赤道儀を付けた三脚をセットして、雪の下の地面に脚が着くまでしっかりと置く。首をかしげるようにして下から極軸合わせのスコープで天頂を覗き込むが、明るい星が多すぎて、目印となる北極星がどこにあるのかわからない。スコープの視野を無数の人口衛星が右往左往に横切っていき、プランクトンの観察時に顕微鏡の視野を次々と移動していく貝のベリンジャー幼生を思い出した。撮影より赤道儀の位置合わせに時間がかかってしまったが、「すばる」を囲む青白いガスをしっかりと写すことができ、満足して居室へ戻った。

年間の天体ショーは、見逃さないようにチェックしてGoogleカレンダーへ入力している。今年の月食は運よくニーオルスンの滞在期間と重なっており、朝からカメラを北側に向けて雪の上に設置する。月が沈まない極夜では、日の出も日の入りも気にしなくて良く、あとは空に雲がかからないことを祈るばかりだ。幸いにも快晴の夜空の中で月食が始まり、煌々と光る満月は少しずつ欠けていき、月明かりが反射した白い雪面は灰色へ変わった。部分月食とはいえ、月はほとんど地球の影に入り赤銅色となっている。やがて、横に動く月は月食を終えて、いつもと変わらない見慣れた満月に形が戻っていった。

極夜になると、沈まない月と星がぐるぐるとニーオルスンを中心に回っているように感じる。そして、自分が地球にいることを忘れるような、違和感ともつかない不思議な気分になることがある。天球に貼り付いたような明るい星を見ていると、映画『トゥルーマン・ショー』をふと思い出した。映画では主人公が作られた町で、知らない間に撮影されながら生活を送っていく。ワンシーンに出てくる不自然に大きな月は浮かんでいないものの、ニーオルスンからしばらく出ていないので、ここが作り物の世界という設定でもおかしくないかもしれないと勝手に妄想した。映画のキャストではないが、フーとスーニバも町に戻ってきて、シナリオかと思うような再会ラッシュが続いている。

北極のラストサムライ

ロケット観測のグループと入れ違いでニーオルスンに来た日本の研究者が帰っていった。観測所は私一人になり、再び食堂で皆との食事が始まった。ニーオルスンの滞在も残り一週間。十二月になると、クリスマス休暇でニーオルスンを離れる人もいるので、建物を回って観測所の契約や会計関連の確認を急ぐ。空にはオーロラが出ているというのに、忙しすぎてゆっくりと見ている暇もない。ようやく仕事が終わって外へ出ると、星空をかき消すくらいの激しいオーロラが空を舞っていた。除雪車が作った雪山に登って頂上へ座り、雪の上に体重をかけて自分専用のソファーを作って空を見上げた。緑やピンク、紫のオーロラが空から降り注いでくる。いつまでもオーロラを見ていたいが、そういうわけにはいかない。来年度の予定は立っておらず、次にニーオルスンに来るのはいつだろうかと思いつつ、今回の滞在が最後という気持ちで観測所へ戻り残務処理を進めた。

ニーオルスンを発つ日。日本の研究者から観測機器が異常を起こしているという連絡が入り、朝食後にツェッペリン観測所へ向かう。午後にはロングイヤービンへ出発するため、午前中には復旧しなくてはならない。ロープウェイを降りて観測所へ入るや否や、ウェブカメラを日本と接続して設定の確認を進めていった。機器というのは奇妙なもので、管理人が現地を出発する直前になるとトラブルを起こすことが多い。まるで意思を持っているかのようで、北極に置いていくなと言われているような気がする。今回も機器トラブルを予期して前倒しで作業を進めていたが、結局、出発直前までトラブル対応となってしまった。短時間で原因特定には至らぬまま、何とか観測を再開して町へ降りる。急いで日本の観測所へ戻り、昼食も食べずに、各部屋の最終確認をしてサービスビルへ向かった。忘れ物もやり残しもないはずだ。芳名帳には一週間前に名前だけ書いて、すでに箱へ閉まっている。レセプションで宿泊費用を払い、いつものようにインボイスの記載を細かくチェックし、荷物の重量を計って食堂前のソファーにどさっと座った。後は帰るだけだ。時間があったので、食堂からコーヒーとクッキーを持ってきて食べていると、見送りの人が囲むように集まってきた。グレッグが「ついに、ラストサムライになったな!」と笑っていた。スペインは間もなく任期を終えるので、次にニーオルスンへ来ても会えないとのこと。別れ際に彼から、家族が作っているというハチミツの瓶を渡された。しばらく皆と別れの挨拶をしていると、いつもの通りレセプションで電話のベルが鳴り、「出発時間が来たよ」と声がかかった。空港からかかってくる電話のベルは、ニーオルスンとの別れのサインだ。玄関前で並んでいる皆と握手をして、「See you again!」と力強く言い、同じ便で帰国するイタリアの学生と空港行きのバスに乗り込んだ。久々の極夜のフライトは、上空に浮かぶオーロラで明るく輝いていた。

ロングイヤービンに到着し、ＵＮＩＳのゲストハウスへ向かう。街中には、九月に見た工事中のフェンスが消えて、公園にはプレシオサウルスの形をした子供用の巨大な遊具ができていた。翌日、ゲストハウスをチェックアウトし、オスロ行きの便に搭乗した。定刻通りにオスロ空港へ到着し手荷物受取所で荷物を待っていると、ニーオルスンを一緒に出たイタリアの学生と再会した。しばらく、彼女は私の隣で黙ってスマホを見ていたが、「ニーオルスンで感染者が出たかも……」とつぶやいた。確定情報なのか、詳しくはわからないらしい。

もやもやしたまま空港で学生と別れ、帰国前の陰性証明書を取得するため、ＰＣＲ検査場が近いオスロ中央駅まで列車で移動した。駅の中央には、天井まで届くほどに高いクリスマスツリーが輝いている。構内はマスクをしていない人が多く、人だかりを避けながら駅を出て、ホテルへの雪道を歩いた。すでに日は暮れており、歩道に吊るされたクリスマスのイルミネーションの光が、道路の奥まで鏡合わせのように延々と続いていた。

翌日、明るい朝を迎えて、ここがニーオルスンではないことに気付いた。約三ヵ月滞在したので、この錯覚はしばらく続くかもしれない。太陽への順応にも時間がかかるだろう。午前中に駅構内のPCR検査を受け、午後には日本政府が指定する書式で作られた陰性証明書をもらった。夕食の買い出し中に届いた外務省からのメールには、ノルウェーが変異株指定国となり、日本への入国者は入国後に隔離されると書かれている。ホテルへ帰ってニュースを調べると、変異株の感染者がノルウェー国内で五十名にまで増えていた。

日本への帰国日を迎え、オスロ空港からヘルシンキ空港を経由して日本便の搭乗口へ向かう。陰性証明書の記載不足や書式の間違いで、搭乗を拒否されるケースもあると聞いていたが、案内係が丁寧に入国書類に問題がないか確認してくれた。問題なく飛行機へ搭乗し、疲れに体を任せて目をつむる。目が覚めると、いつものように空が白むロシアの上空へ来ていた。翼の下には冠雪した山脈が無数に見え、クシャクシャにした白い和紙を広げたかのようだった。むき出しだった地表はしだいに木や建物に覆われていき、やがて東京湾に浮かぶ船が見え始めると羽田空港へ到着した。空港内に設置されたブースをスタンプラリーのように回って検疫を受け、無事に陰性結果が出ると、慌ただしくバスで移送後、係員に引率されるまま隔離されるホテルの部屋へ入る。高層ホテルの窓からは、立ち並ぶオフィスビルと、その隙間からわずかながら海が見えた。ふと港に見慣れた船が停泊していることに気付いた。三年前に乗船した、海洋大の「海鷹丸」だった。極夜の北極でクリスマスを終えてしまった気になっていたが、まだ十二月は始まったばかりで南極海での観測航海が始まる時期を迎えていた。オスロ以来の隔離生活が始まり、定刻通りの館内放送が鳴った後、部屋の前に置かれた食事の袋を取る日々が続く。仕切りの入った揚げ物弁当を食べながら、自由に詰められたチキンとクスクスの隔離食を思い出した。ビルの隙間から見える「海鷹丸」は、見送りの人々が港に集まっているのが見えた後、南大洋へ向けて出発していった。

三日間の隔離と検査を終え、私もホテルを出発する。再びバスに乗って羽田空港まで戻り、横浜行きの高速バスが運休になっていることを知って電車へ乗った。ニーオルスンに滞在していた時のまま、派手なオレンジのアウターを着ていたが、コロナ禍の車両は閑散としており、人目は気にならなかった。文字だらけの吊り広告がなくなり、色彩が乏しくなった車内は、北極帰りの私にとっては情報量が少なくてくつろげる。そういえば、水曜日を過ぎたというのに、NPIから代表者ミーティングの議事録が送られてきていない。毎週Bandyの通知が入るSNSのグループも、私がニーオルスンを発って以降は投稿がなくなりひっそりしている。不気味な沈黙に、何かが起きている予感がした。

地吹雪の朝、空は赤紫色に染まっていた。雪は降っておらず、前日までに積もった雪が風で吹き飛ばされ、足元には川のような流れができていた

雪降るニーオルスンの町並み。音もなく、ぼたん雪がひたすらに降り積もっていく。
寒い中、赤い光が灯る博物館がキャンドルの炎のように見えた

レーザー光線が放たれるAWIPEVの観測所。普段は1本しか出ていない光線が、観測が追加され2本ある。天気の悪い日は観測がないため、空が晴れた星空の日にしか見られない光景だ

両極点への到達を成功させた偉大な探検家、ロアール・アムンセンの頭像。
彼は何を想いながら極地を目指したのか。毎日像の前を通りながら、ふと考えることがある

北極点を目指すアムンセン達が飛行船を係留した「アムンセンマスト」。
周囲には何もなく、ひたすらに広がる北極の大地にこのタワーだけが佇む

ニーオルスンで炭鉱を採掘していた時代に
使われていた蒸気機関車。採掘が終了した現在は
使われておらず、史跡として港近くに置かれている

ニーオルスンから見える象徴的な山「スリークラウン」。三角に尖った特徴的な形は、周囲の山と比べても目立って見える。手前の大きな立方体の建物は、昔使われていた炭鉱のプラント

高い樹木が生えていない北極だが、足元を見ると緑がある。
茶色い大地に生える、苔の鮮緑がまぶしい

雪の下にある植物を無心で食べるスバールバルトナカイ。角がなく、ずんぐりとした姿は、
一般的にイメージするトナカイとはかけ離れており、遠目に見るとイノシシのようだ

ブレッガー氷河から流れる融解水は、支流をともなう大きな川となって氾濫原を形成する。赤く濁った川は目視で水深がわからないので、渡るのに苦労する

日本の観測所のデッキから見えた夕日に染まる山々。山頂が冠雪すると、夕日の赤色が映えて美しい。

山の谷間には氷河が流れ、コングスフィヨルドへ注ぎ込む

ツェッペリン観測所から撮影した、観測ロケットの
発射直後の風景。ロケットはすでに上空へ飛び、
発射台の近くには噴煙だけが残っていた

4

北極に再び戻る

2022.6.12-9.11

観光の町ニーオルスン

座席モニターが示す現在位置は、スバールバル上空。飛行機はウクライナ情勢の悪化でロシア上空を通過できず、日本から北極点、そして、スバールバル諸島の上を通ってヘルシンキへ向かっていた。上空からニーオルスンが見えることを期待したが、窓の下には分厚い雲がかかっていた。ヘルシンキ空港に到着し、ボーダーコントロールでスバールバル諸島のニーオルスンへ行くと伝える。ガラス越しに見る担当者の表情を見て、ニーオルスンがどこにあるのかわからないことをすぐに察した。今回の現地滞在は約六ヵ月。ビザを見せるように言われたが、シェンゲン圏に入らないスバールバル諸島は、日本人渡航者のビザが不要だ。シェンゲン圏外だからビザはいらないと説明するも、「いや。スバールバルはシェンゲン圏だ」と先に通してくれない。陰性証明書やNPI(ノルウェー極地研究所)のレターの提出は不要となっており、すぐに通過できると安心していたので、思わぬ足止めとなった。もう一度調べてほしいと話すと、彼はブースの中で調べ始め、しばらくすると驚いたような表情で「あなたが正しかった!」と言った。北欧でも、スバールバル諸島を知らない人は多く、ましてニーオルスンという地に国際観測拠点があることは、研究関係者でなければ知らないだろう。マイナーな場所での長期滞在ゆえに足止めされたが、なんとかオスロ行きの飛行機に搭乗することができた。

今回の旅程に隔離はないものの、出発前から私は荷物の問題を抱えていた。ウクライナ情勢の影響で、ノルウェー行きの国際郵便は受付停止となり、国際貨物も出張の別送品を受け付けてもらえず、唯一利用できた国際宅配便は送料が現実離れした金額となっていた。仕方なく半年分の生活用品を手荷物で持っていくことにして、自宅で持ち物を最低限の品目に絞っていく。以前、南極へ行った時も、越冬期間中の持ち物に悩んだものだ。何かが足りなくなるという想像力豊かな恐怖心に襲われて、あれもこれもと輸送用のダンボールに詰め込んだが、結局は大量に持ち込んだ本は読む暇もなく、手つかずの生活用品は持ち帰ることになってしまった。何かが不足しても生きられないことはなく、健康な体が維持できる最低限のものがあれば極地では生きていける。必要品を厳選して極限まで減らしたが、結局二つのバッグは制限重量すれすれとなってしまった。身軽な出張にはほど遠く、オスロ空港に到着してコンベアーで重い荷物を引き取ると、早速空港の出口でバランスを崩し盛大に転んでしまった。胸の下敷きになったキャリーバッグと背負ったダッフルバッグできれいにサンドイッチされて、しばらく動けず、息を整えてから立ち上がる。人に見られていないか辺りを見回したが、午前八時の空港は静まり返り、誰一人歩いている人はいなかった。

オスロ到着の翌日、ロングイヤービンへ移動し、昨日転んだ時に傷めた足をさすりながら格納庫からニーオルスン行きの飛行機に搭乗した。ニーオルスンには、今まで春、秋、冬の季節に滞在したことがあったが、白夜の夏に来るのは初めてだ。飛行機が離陸すると、眼下の山脈は残雪と露出した岩で綺麗な縞模様になっていた。日本には山に積雪が残る模様を、人や動物に例える文化がある。上空から見ながら、チョコレートとバニラアイスを混ぜたパリパリバーと名付けたくなった。雪のない平地はチョコレートムースのような焦げ茶色で、その表面には抹茶がかかったように植物が生えている。お腹がすいたのか、なぜか甘いものばかりが思い付く。やがて、見慣れたニーオルスンの町並みに、見慣れない大きなクルーズ船と道路を歩くたくさんの人が現れ、初めて見る光景に目を疑った。

空港に到着すると、いつも通りにバスでサービスビルに降ろされた。代表者ミーティングの議事録から、だいたいの滞在メンバーは知っている。最初に誰に会うか案じながらサービスビルへ入ると、ちょうどレセプションの前にいたグレッグに再会し、お互いに歓声を上げた。レセプションにいるKBの職員達も元気そうだ。ニーオルスンでは昨年私が去った後にコロナが発生し、その後も断続的に感染者が出ていた。ノルウェー本国では感染者の症状が比較的軽症であることから、コロナに関する規制はすでに撤廃されており、ニーオルスンでも、私が到着する前週に渡航者に対する検査を終了している。日本より先にコロナと共生する時代に突入している状況に不安を覚えつつ、コロナの侵入を恐れなくなったニーオルスンで、滞在中の感染は免れないような気がした。

町中には大勢の観光客が歩いており、日本の観測所の裏にある郵便局や売店の前には人だかりができていた。彼らはクルーズ会社から貸与された黄色いフードの付いた赤いジャケットを着ているので、観光客とすぐにわかる。先に滞在していた日本の研究者と合流して近況を聞くと、連日のようにクルーズ船が到着して日帰りの観光客が町を訪れているとのこと。研究関係者も多く、観光客を除いても町の人口は百人を超えているだろう。ＫＢのジャケットを着た若い人もたくさん見かけ、常勤職員の他に、夏の繁忙期のみ滞在するサマースタッフもいるようだ。見知らぬ人ばかりで、食堂で見慣れた顔を探すのにも一苦労する。人が多くて料理の提供が追いつかないので、食事の時間は「ＫＢ」と「その他の滞在者」でずれており、皆で同じテーブルに集まっていた冬の時期が懐かしくなった。

夏のニーオルスンは人も多いが動物も多い。たくさんのカオジロガンが空き地を歩いており、目の前では冬よりもスリムになったスバールバルトナカイが地表に生えた植物を食んでいる。居室はビジネスホテルのようだが、一歩外に出ればサファリパークのような状態だ。町中の道路には、冬には見なかった「Bird sanctuary No trespassing（鳥類保護区　立ち入り禁止）」と書かれた看板が置かれている。夏のニーオルスンは渡り鳥の営巣地になるため、五月中旬〜八月中旬の期間は建物の周囲にある空き地や道路から外れた場所は研究以外での立ち入りが禁止されている。空き地を通る場合は、鳥の巣や周囲の植物を荒らさないように、設置された木道の上を歩くよう求められているが、たまに観光客が道のない場所を歩いている光景を見かけた。代表者ミーティングでは、観光客が電子機器の無線をオフにしていなかったり、立ち入り禁止区域や観測施設に立ち入ったりするトラブルが報告され、ＫＢが順次対応しているとのことだった。観光地と化した夏のニーオルスンに、私の知っている「北極」は無くなっていた。

凶暴な鳥と戦う

到着して間もなく、私が不在だった期間にサンプリングを委託していたＮＰＩと作業を交代するため、ルーンと大気観測所へ電気自動車で向かった。引き継ぎを受けた後、観測機器の確認が残っていたため、ルーンには先に帰ってもらい、帰りはライフルを担いで町まで歩くことにした。頭上には、青い空に白い雲。夏の南極で見た空と似ている。極地では中緯度より低い高さに雲があるせいか、日本にいる時よりも空が近い気がする。太陽の日差しも輪郭が鮮明で、「ギラギラ」というより「パキッ」という擬態語が似合う。雪のない道路を歩いていくと、道路の右側には冬には見られなかった雪融け水でできた小川が流れていた。立ち止まると、川のせせらぎだけが聞こえ、ようやく観光客の声が聞こえない本来の「北極」へ来た気分になる。ふと気配がして、道の反対側を見ると、一匹のスバールバルトナカイが地表に生えた赤紫色の花を食べている。植物にとっては気の毒だが、彼らが選んで食べるということは、効率よく栄養を摂取できるメリットがあるのだろう。しばらく写真を撮っていると、スバールバルトナカイが急に走り出した。ファインダーから目を離すと、上空で威嚇する小さな鳥がいる。キョクアジサシだ。この鳥は、南極から北極まで長距離を移動する変わった渡り鳥。突かれて逃げていくスバールバルトナカイを見ながら歩いていると、「ケケケケケッ」というけたたましい鳴き声が頭上で聞こえ頭に激痛が走った。あまりの痛さに驚いて全速力で逃げるも、キョクアジサシは執拗に追いかけてきて攻撃は止まらない。このまま町中の建物へ逃げ込みたいが、ライフルの弾を抜くため町に入る手前で立ち止まる必要がある。耳元で威嚇を繰り返すキョクアジサシを追い払いながら弾を抜き、再び走り出した。ようやく日本の観測所へ駆け込み、あまりに頭皮が痛いので、リビングでニット帽を外してティッシュで痛い部分を押さえる。当てたティッシュを外して見ると、赤い血痕が付いており、まさかの流血事故になってしまった。頭皮がジンジンと痛み、頭を打ったかのような頭痛が続く。キツツキが木を突く力は結構なものだと聞いたことがある。鳥の種類は違えど、私の頭には一体どのくらいの力が加わったのだろうか。研究者へ話すと、今度からヘルメットを被ったほうが良いかもしれないという笑い話になったが、あながちオーバーな話ではない。攻撃してきたキョクアジサシは大気観測所の道路に巣を作っており、道を通過する人やスバールバルトナカイ、そして、車までも見境なく攻撃していた。近づかなければ怪我もするまいと思っていた翌日、玄関ポーチの前にキョクアジサシがうずくまっている。嫌な予感は的中して、案の定、日本の観測所の真ん前に巣が作られてしまい、キョクアジサシの夫婦から建物を出入りするたびに攻撃を受けることになってしまった。朝から鳥に襲われて逃げ回っている私を見て、向かいの道路からは笑い声が響き、食堂ではマルコに、毎日鳥と喧嘩しているると笑われた。見知らぬ滞在員も周りで話を聞いて笑っており、どうやら私は「鳥と戦っている変な日本人」と認識されてしまったようだ。

白夜の悪魔

日本の研究者が帰っていき、現地の日本人は私一人となった。いつものルーチン作業であるサンプリングと観測機器の点検を続け、次に来る研究者の受け入れに向けて準備を進める。ニーオルスンの夏は皆忙しい。ＫＢは連日のようにクルーズ船で来る観光客の対応と、夏にしかできない建築工事に追われている。海外機関の滞在員は、次々に来る研究者の対応で忙しそうだ。昨年私がニーオルスンを離れて以降、滞在メンバーは交代しているが、一息ついて挨拶する暇もない。

ある日、NPIから海外の研究者を大気観測所まで連れて行ってほしいと頼まれた。彼は短期滞在で、ライフルのライセンスを持っていない。アテンド予定だったNPIは誰も手が空いておらず、困っていたようだ。ちょうどサンプリングの実施日だったので、サービスビルの前で待ち合わせして連れて行くことにした。ツアーガイドをしているかのように、歩きながらニーオルスンの説明をして、キョクアジサシがいる区間は走って逃げるように注意したが、やはり二人とも攻撃は避けられなかった。

夕方になり、炭鉱時代の施設を回る史跡ツアーが開催されると聞いて、再びサービスビルの前に集合した。以前、歴史講演会を開いてくれた年配のドクターがツアーガイドとなり、二十名ほど集まったKBや滞在員達とツェッペリン山の麓へ向かう。歩きながら、まだ話したことがない新しく着任した滞在員と、初めて挨拶することができた。道沿いには、炭鉱時代に使われていた線路の枕木が地面に埋まっており、その周辺には元は建物に使われていたであろう木製の支柱がバラバラになって積み重なっている。今さらながら、以前、安全講習の実技で射撃場へ行く途中で見た廃墟のような場所が、このあたりだったことを認識した。

ドクターから採掘場の説明を聞き、今度は港の近くにある、炭鉱のプラントとして使われていた立方体の建物へ向かう。町には三角屋根の木造の古い建物が多いが、この建物だけはコンクリート造りで異様な雰囲気を醸し出している。大きさに対してアンバランスな小さい格子窓のせいか、戦時下に敵の攻撃から身を守るトーチカのように見える。初めてニーオルスンに滞在した時、極夜の真っ暗な中で不気味に思いながら、この建物の裏にある集積場へラベンの廃材を何度も運んだことを思い出した。建物の中へ入って見上げると中央部分が吹き抜けになっており、壁側には階段が設置されている。六階まであるが老朽化しており、皆で二階まで上がった後ぞろぞろと引き返した。

ツアーは午後八時過ぎに終了。白夜なので外は明るく、時間感覚としては午後四時くらいだろうか。夜になっても眠気が来ないので、なんとなく夜更かしする日が続く。南極以来の白夜期の滞在となるが、陽が沈まない環境では過活動になるので注意が必要だ。昭和基地でも夏の時期は、外が明るいことを良いことに、朝から晩まで仕事をしている人が多い。連日そのような生活を送っていると、気付かぬうちに疲労が蓄積し、電池が切れたかのように急に体調を崩す。ふと今になって、久しぶりに再会したKBのスタッフを見かけないことに気付いた。町では人の入れ替わりが激しく、滞在期間を終えて帰ってしまった可能性もある。忙しい余り、最後に見送りができなかったと後悔した。

木曜日になり夕食後に売店で買い物をしていると、レセプションの担当者が来て、今からライフルの講習を受けられるか私に聞いてきた。安全講習の修了証には有効期限があり、別の日に実技講習を受ける予約をしていたが、予定が変更になったようだ。やがて無線が入り、ベガードが日本の観測所まで車で迎えに来てくれた。車はつい先日、史跡ツアーで歩いた道を走っていく。射撃場に到着し、明るい夜の中、フレアガンとライフルを的に向けてひたすら撃つ。他に受講者がいなかったため、いつもより長い時間練習をさせてもらい、観測所に戻ってきたのは午後九時過ぎになってしまった。飛び込みの仕事も、明るいので明日に持ち越さず、急なイベントにも参加してしまう。そろそろ白夜の悪魔にやられてきているかもしれない。

白夜からの隔離

ライフル講習の翌朝、目が覚めると全身の血管が詰まっているような倦怠感で体が動かなくなっていた。なんとか寝返りを打ってうつぶせになったものの、背中にピンを刺された虫の標本のように、手足は動くものの胴体が動かない。這うように起き上がり、体温を測ると三十六度八分。鏡の前で口を開けると、扁桃腺は赤く腫れているが、咳は出ないのでコロナではないようだ。例のごとく、白夜の疲れがたまったのかもしれない。念のため、看護師に連絡を入れ、受検キットを部屋まで持ってきてもらった。いつものように綿棒を鼻に入れられ、判定キットを渡されて居室へ戻る。体が重くてベッドへたどりつけず、硬い床に倒れるように寝転がった。ふと横を向いて、ベッドの下に埃が溜まっていることに気付いたが、掃除する気力も出ない。スマホの十五分タイマーが鳴り、起き上がってキットを見ると、白い窓に二本の赤線が入っていた。にわかに信じられず、箱に入っていた取扱説明書を見直すも、陽性判定は紛れもない。ワクチンを三回打って安心していたこともあり、あまりに自覚のない、あっけない感染にしばらく呆然とした。看護師へ電話すると、今日から部屋で四日間隔離と告げられ、体調の悪さより精神的なショックで、再び床へ転がった。ニーオルスンに到着して、わずか十二日目にして感染。どこで感染したかのだろうか。あの時だろうか？　この時だろうか？　と記憶をたどるが特定できない。町はコロナ禍前の生活に戻っているので、外部から症状のない感染者が入ってきたら感染は防げないだろう。床から見える窓の外の青空が、手が届きそうなくらいに近く見えたが、決して手が届くことはなかった。

隔離一日目、港の倉庫では夏至を祝う「Flower Power」という北欧のお祭りが開かれていた。今日も部屋からは、快晴の青空が見え、まさに夏至を祝うには最高の天気だ。午前十時過ぎに、ノックの音が聞こえてドアを開けると、哀れむような顔をしたアーランドがブランチを持って立っていた。かすれ声でお礼を言い、力なく食事を受け取る。弁当箱を開けると、焼いたエビばかりが入っている。食欲はないものの、一人でエビをかじりながら、味覚障害がないことに安心した。午後三時のカフェの時間になり、今度は看護師が大きなピザロールとシナモンロールを持って来てくれた。一度の食事量が普段より多いが、次の食事が届く前になんとか食べ切る。夕方になり、今度はAWIPEVの新しいステーションリーダーが、パーティーの衣装を着たまま夕食を持ってきてくれた。どうやら、イベントの最中に来てくれたようだ。弁当箱には、会場のバーベキューで焼いた料理がぎゅうぎゅうに詰められており、マトンのソーセージを食べながら思いにふける。夜になっても、空は雲ひとつない快晴が続き、朝から時間が静止しているかのように思えた。付けっぱなしのラジオからはAmanda Tenfjordの『AI in』が繰り返し流れてくるせいか、短時間にデジャブが何度も起こる。唯一の外界とのつながりは、皆が入れ替わり立ち替わりで持ってきてくれる食事だけかもしれない。電気を消した部屋には、空が反射して部屋の中も青白い。換気のため窓を開けると、快晴の真夜中にキョクアジサシのさえずりが響いており、飛んでいる一羽が杭に止まっているもう一羽に小魚を渡して飛び去っていった。

連日、皆に食事を持ってきてもらい、重かった体は少しずつ軽くなってきた。体温も平熱に戻り、看護師から隔離の終わりを告げられて久々に外へ出る。たった四日の隔離だったというのに、白夜のせいかオスロで過ごした隔離期間よりも数倍長く感じた。食堂へ行くと、海外の滞在員達が、回復して良かったと声をかけてくれ、部屋で閉じこもっていただけというのに、どこか遠くの地から生還したような気分になる。テーブルを見ると、町で見かけなくなったKBのスタッフが笑顔で食事をしている。プライバシー保護のため、感染者の名前やグループは伏せられていたが、町ではちらほらとコロナが発生しているようだ。感染すると部屋に隔離されるため、彼女が町から去ってしまったと私は勘違いしていた。ビュッフェの列に並んだ隣の女性から「良かった！」と笑顔で声をかけられた。面識がなく誰だかわからないが、人見知りしない彼女に笑顔を返した。

北極の花畑

土日を挟んでの隔離は、幸いにもサンプリングの日程とは重ならず、またいつものように大気観測所へ向かう。玄関のキョクアジサシは、相変わらず観測所を出入りする度に威嚇してくるので、突かれないよう頭を手で守りながら外へ出た。ふと頭上の鳴き声が止んだと思ったら、かざした手にキョクアジサシが止まってしまった。グローブ越しに感じる体重は軽く、この鳥が南極まで飛んでいく体力を持っているとはとても思えない。手を振りはらうこともできず、しばらくキョクアジサシを手に乗せたまま、自然に飛び立つまで歩き続けた。

大気観測所では新しいサンプリングが始まり、デッキに設置した観測機器でエアロゾルをフィルターに集めて回収する作業をしている。機器からフィルターが設置された金属フレームを取り出し、部屋へ持ち帰って、Ａ４サイズほどのフィルターをピンセットで破れないように折りたたみ、バイアル（管瓶）へ入れて保管していく。大気中のエアロゾルを集めたり、海洋中の植物プランクトンを集めたり、フィルター回収の仕事は昔から多い。今回使うフィルターは今までのサンプリングで一番サイズが大きく、厚みがあるため扱いやすい。一方で、薄い膜状のフィルターは、極地では一番扱いづらい。部屋が乾燥する極地では、静電気が発生しやすく、操作中にフィルターがピンセットやバイアルに引き寄せられて貼り付いてしまうからだ。毎週、サンプリングを続けていると、白いフィルターの上に虫が乗っかっている時がある。町ではユスリカが大量発生する日があり、大気と一緒に吸気口から吸い込まれてしまったようだ。この虫は建物の壁に群がることが多く、カメラのマクロレンズで観察してみると、夜の自販機に群がる薄茶色のユスリカではなく、甲虫のように黒く艶光りしていた。南極では虫を全く見なかったのに、ニーオルスンでは部屋の窓を開けているとハエも入ってきて、ここが極地なのか不思議に思ってしまう。ある日、仕事終わりに風景を撮りに港へ行くと、古い倉庫から笛を吹いたような美しい鳥のさえずりが聞こえた。鳴き声の方角を見ると、倉庫のひさしに止まるユキホオジロだった。体が白くつぶらな目をしたこの鳥はシマエナガのように可愛らしいフォルムをしており、キョクアジサシのように攻撃してこないので、安心して見ていられる。しばらく観察していると、倉庫の壁に止まったユスリカを夢中でついばんでいた。ユスリカが大量発生する時期は限られており、彼らにとってはこの時期だけのご馳走なのかもしれない。

陸上生態系の日本の研究者が到着し、ラベンの海側にある観測エリアへ同行した。普段降りることのないラベンの裏にある斜面を下ると、その先には海に続く崖があった。崖の手前まで移動して斜面を見上げると、丘の上に立つラベンが見え、ようやく「小さな丘」という名前の由来を理解した。名付けた人はきっと、この位置からラベンを見たのかもしれない。観測エリアには、「チャンバー」と呼ばれる半透明の樹脂パネルが貼られたフジツボのような覆いが地面に設置されている。チャンバー内は周囲より温度が上がるため、温暖な環境での植生を観測できると聞いた。機材を置き、研究者と地面に這いつくばって、地表に埋まっているという複数の温度センサーを探していく。すでに埋められた場所は苔に覆われており、目印すら探すのが難しい。ホッキョクギツネがセンサーを掘り返すこともあると聞いたが、無事に全てのセンサーが見つかり、新しいものに交換ができた。

この観測エリアには、町の中心部よりも多くの種類の花が咲いており、研究者からいくつかの花の名前を教えてもらった。スバールバルトナカイがよく食べている赤紫色の花はムラサキユキノシタで、地面を這うように茎が伸び、ひしめきあうように無数の花が咲く。薄いピンク色の花弁を持つコケマンテマは、裁縫用の丸い針山にピンク色のマチ針を根元まで刺したかのような形で「クッション植物」と呼ばれており、極地や高地に生息する独特な形状だ。どの植物も背が低く、茎の短い花は小さな葉を覆い尽くすように広がっている。目線を低くすると茶色い大地の中に花の色鮮やかな帯が見え、想像以上に花畑が広範囲に広がっていることに気付いた。どの花も開花期間は短く、北極の厳しい環境でしたたかに生きる生命力を感じる。自然豊かな場所で仕事をしていると、ホッキョクグマが出ないかという緊張感とは対照的に、雄大な自然の一部になったような安心した気分になる。日差しに輝く、雫の付いた花を見ながら、夏のニーオルスンに来て良かったと思った。

北極で生きる厳しさ

日本の観測所の前に巣を作ったキョクアジサシに子供が生まれ、二羽の雛が親鳥のお腹の下から見え隠れしている。まだら色の毛玉のような雛は、いつも怒り顔の親鳥と違って、たれ目のあどけない顔をしていた。雛の世話は親鳥二羽でしており、交代で雛に与える餌を獲りに行っているようだ。

夏のニーオルスンは冬のような地吹雪が起きないものの、晴天にも関わらず風速二十メートル以上の暴風になることがある。風波で荒れた青緑色の海は、氷河から流れる赤い水が攪拌されて真っ赤になり、浅瀬には氷河から崩れ出した巨大な氷が風で押し流されて座礁する。最近は、風が弱いものの冷たい雨が降り続け、梅雨寒のように肌寒い。日本の観測所の軒先には、職人が遊び心で作ったであろうホッキョクグマの顔の形をした雨垂れがある。ホッキョクグマの口から、よだれが垂れているかのように雨水がとめどなく滴る光景を見ながら、キョクアジサシの親子が心配になった。北極には雨風をしのげる背の高い樹木は生えておらず、巣は平坦な土にくぼみを作っただけの簡素なものだ。

ようやく雨が上がった日、玄関へ出ると普段は真っ先に私の元へ飛んでくる親鳥が巣にうずくまったまま威嚇音だけを出している。夕方になっても親鳥は一羽しかおらず、片方の親鳥が一時的に餌を獲りに行ったわけではないようだ。お腹から顔をのぞかせている雛も一羽に減ってしまい、長い雨の間に何かが起きたことは確実だった。親鳥が巣を離れると、とり残された雛が頼りなさげにうずくまっている。日本の観測所の周りには、この親子しか営巣しておらず、他のキョクアジサシによる威嚇がないため、ホッキョクギツネに見つかったら雛はすぐに食べられてしまうだろう。雨が上がったのも束の間、再び冷たい雨が降り始め、とうとう親子は観測所の前からいなくなってしまった。巣には、海外の研究者が設置した調査用のタグだけが残っている。巣のあった場所を呆然と見ていると、ちょうど鳥の研究をしているオランダのポスドクが観測所の前を通りかかったので、何か知っているか聞いてみた。

「巣にいないのなら、死んだと思う」

彼のはっきりとした「Die」という発音が、耳に残った。世話をしていたわけではないが、毎日成長を見守っていたこともあったせいか、私の落胆は大きく、改めて北極の自然の厳しさを実感した。外出して観測所へ戻ってくると、黄色い自転車に乗ったポスドクがこちらに向かって走ってきた。自転車を止めるや否や、別の場所に雛が移動していると、道路を挟んだ向かい側を指差し、その先にはカオジロガンの群れに混じって雛を抱えた親鳥が苔の上でうずくまっていた。彼はキョクアジサシの親子が無事であったことだけを私に伝えると、自転車で走り去っていった。ニーオルスンでは研究者が渡り鳥の足にタグを取り付け、生息数や営巣場所を確認している。調査中に親子が移動したことに気付いた彼は、私があまりに落胆していたので、気を遣って伝えに来てくれたのかもしれない。彼のちょっとした優しさに感謝した。

迫りくるホッキョクグマ

最近はホッキョクグマが湾内によく出現する。サービスビルのホワイトボードには、連日のように出現情報が書かれ、無線機からも「Polar bear……Polar bear……」という警戒情報が流れてくる。部屋で仕事をしていると、向かいの島にホッキョクグマが出たという無線が入り、一目見ようと二階の観測デッキへ上がった。双眼鏡を覗くと、頭が血だらけになったホッキョクグマがアザラシを咥えて島の海岸線を歩いている。アザラシの前足はまだ動いており、食べられていく様子をいつまでも見ていられず部屋へ戻ることにした。今までの滞在でも、ここまで頻繁にホッキョクグマの出現情報が入ることはなく、改めて北極に住んでいることを実感する。町ではウォッチメンがホッキョクグマを監視しているが、万一、町中で不意に遭遇した時は、安全確保のため建物へ逃げ込む必要がある。そのため、町では売店以外の建物は施錠されていない。一方、野外で遭遇した場合は逃げ込む場所はなく、ライフルを使って自身で身を守らなくてはならない。

発砲の手順は決まっていて、ホッキョクグマが近づいてきた場合は、まずはフレアガンを撃って追い払う。この時、間違っても向かってくるホッキョクグマの後ろに着弾させないよう注意しなくてはならない。そして、フレアガンに効果がなく、いよいよ事故が避けられない距離まで接近してきた場合、自己防衛を目的としたライフルの発砲が許可される。できれば、フレアガンを撃った時点で逃げてくれるとありがたいが、実際にはホッキョクグマを追い払うのに、フレアガンの発砲音が二十発ほど鳴り響いていたこともあった。

陸上生態系の研究者がニーオルスンを離れ、新たに日本の研究者のグループが当初の予定から遅れて到着した。スカンジナビア航空がストライキを起こしたため旅程が変更され、一週間以上予定されていた野外調査期間はわずか三日しか残されていない。到着後から彼らは倉庫に保管された機材を展開し、慌ただしく観測準備を進めていく。翌日、私達はＮＰＩが操船するボートに乗ってストゥファァレットへ向かった。普段は歩いて行くが、今回は観測機材が多いため、ボートで崖下にある海岸まで行き、そこからはストゥファァレットまで短い距離を歩く。ボートが港を出ると、波間から赤っぽいセイウチの体が一瞬だけ見えた。

歩くと二時間以上かかる距離がボートを使うとあっという間で、ＮＰＩのボートは海岸で私達を降ろした後、町へ戻っていった。ライフルに弾を装填し、枯れた滝のような崩れた場所から皆で崖の上へ上がっていく。ホッキョクグマがいないか見回しながら機材を持って歩いていき、やがて苔の湿原が広がるストゥファァレットに到着した。昨年の九月に見た時よりも、苔の色は鮮やかで、黄緑色の絨毯が一面に広がっている。研究者達は早速、調査のため掘削の機材を湿原の中央へ運んでいった。私が高台で見張りをしていると、「Polar bear……

Polar bear……」という無線が入った。空港付近にホッキョクグマが出現したとの情報だが、ストゥファレットから空港までは距離がある。しばらく周囲を見張っていると、NPIのエンジニアから、ホッキョクグマが私達の方面へ移動しているとの連絡が入った。しばらく無線が途絶え、警戒を続けたまま時間が流れた。やがて遠い海上にNPIのボートが見え、ルーンから無線で、すぐに撤収するよう指示が入った。急いでグループへ伝え、機材を持って海岸へ移動する。来る時に上った枯れた滝のあたりまで行くと、至急、さらにその先へ移動するよう指示が入った。「ホッキョクグマが近づいているから早く移動しろ！」という声が無線から響く。地形の起伏があり、陸上からは姿が見えないが、海からは私達の近くまで接近しているホッキョクグマが見えるようだ。焦りが募り、グループを先導して、この先にあるという海岸へつながる谷へ向かう。やがて見えた崖の切れ目から海岸へ降りていくと、接岸しているボートが見えた。皆をボートまで先導しようとすると、ルーンが無線で「Go Away!（離れろ）Go Away!（離れろ）」と叫んでいる。早く逃げなければならないのに、混乱して言葉の意味が理解できない。研究者に言われて、ライフルを持っている私がグループの最後尾に付かなくてはならないことに気付いた。ホッキョクグマが近づいていないことを祈りながら、再び崖を上り、最後尾にいる研究者に付く。研究者全員がボートへ乗り込み、最後に私が乗り込んだと同時に船は海岸を離れた。ルーンとエンジニアにお礼を言い、そして、私の対応が悪かったことを謝った。ボートが沖に出ると、ちょうど海岸へ降りた崖の上を巨大なホッキョクグマが歩いていた。ニアミスだった。サバイバルジャケットの下で、鳥肌が立つのがわかった。この鳥肌が恐怖によるものか、ホッキョクグマの美しさによるものかはわからないが、野生動物に対する畏怖に近い感覚かもしれない。ホッキョクグマは時折、海上にいる私達を見ながら崖に沿って歩いていき、やがて見えなくなった。町に到着して、私と研究者の代表はルーンに呼ばれ、今回の対応について話し合い、特に私の対応が悪かったことで注意を受けた。結果として事故が起きなかったのは幸いだが、緊急時の対応が全く想定できておらず、グループを危険にさらしたことを深く反省した。今後のストゥファレットの調査では、緊急時に人員をピックアップできるボートを町で用意することになり、気をとりなおして研究者と翌日の調査計画について話した。しかし、調査二日目は海外の研究チームの先約がありボートと操船者を確保できず、結局、調査地は徒歩で行ける近隣のブレッガー氷河に変更されることになった。昨日のニアミスを踏まえ、私はグループの後方について慎重に歩いていく。ルートの中間地点に到着した頃、ウォッチメンから無線でホッキョクグマがブレッガー氷河の方面へ向かっていると連絡が入った。モレーンが積もった高台へグループと退避したが、起伏が多く、ホッキョクグマが現れたという方角には何も見えない。ウォッチメンの車が遠くに見えたものの、ホッキョクグマの位置はわからず、結局、二日連続して調査を中止し町へ戻ることになった。

グループが帰った後、しばらくは精神的に参ってしまった。安全に関わるのだから、ライフルを携行するだけではなく、専門性を持って対応するべきだった。野外へも出たくなくなり、日本の観測所に描かれたホッキョクグマの壁画さえしばらくは見たくない。それでも毎日のように「Polar bear……Polar bear……」という無線は止むことがなかった。

ホッキョクグマとの共存

新たに日本の研究者が到着し、例年と同様にブレッガー氷河の氾濫原を回ってサンプリングをすると聞いている。ホッキョクグマとのニアミスがフラッシュバックしたが、出現情報が続いているので安全のため同行する必要がある。いつ出るかとそわそわしながらも、幸いにも調査中にホッキョクグマは現れることはなく、全てのサンプリングを終えて無事に町へ戻ることができた。一方で、研究者の警護を考えながら野外を歩くと、果たして後方について行くだけで良いのか、自分の行動が正しいのかわからなくなってしまった。最近話す機会が多い、KOPRI（韓国極地研究所）から派遣されているハドンは、セーフティ専門のエンジニアと聞いており、時間をもらって彼に相談することにした。久々にDasan観測所へ行き、ホッキョクグマとニアミスした当時の状況を話すと、彼から山のように指摘を受けることになった。護衛の事例として、グリーンランドで撮影した映像を元に、護衛する時の地形に応じた人の配置を図に書いて説明してくれた。最後にハドンから、護衛担当者の心得として「守る人の髪の毛一本でも失わないように」という言葉があることを教えてもらった。専門家から具体的に間違いを指摘され、あの時どうすれば良かったのかという、もやもやとした気持ちはようやく消えていった。

町で開かれたサイエンストークのテーマはホッキョクグマで、NPIの女性研究者から生態について話があった。人間の住む環境では危険動物と認識されるホッキョクグマだが、生息数が減少していることから絶滅危惧種のレッドリストに指定されており、保護という観点から研究が必要だ。スバールバルではホッキョクグマが人を攻撃する事故が起きており、様々な原因がある中でも、人がホッキョクグマに近づきすぎたために発生した事例も聞いている。そして、攻撃したホッキョクグマのほとんどは射殺されてしまう。北極に滞在する私達は、ここがホッキョクグマの生息域であることを自覚し、自己防衛による発砲へ至る前に、まずは遭遇しないよう努力する必要があるだろう。決して、人間の都合で殺してはいけないと、雪原を歩くホッキョクグマの親子の映像を見ながら改めて思った。

極地順応

ニーオルスンに来て二ヵ月が過ぎた。あいかわらず元気は出ないが、決してホームシックではない。観測航海の乗船や昭和基地での滞在を含めて、僻地や閉鎖環境での長期滞在は嫌というほど経験しているので、この生活には慣れている。私の場合、生活の順応にパターンがあり、現地に到着して最初の二週間は忙しさに翻弄されて何も感じる余裕がないまま日々が過ぎ去り、四十日を過ぎた頃に急に日本へ帰国したくなる。その後は緩やかに帰国したい気持ちが低下していき、二ヵ月後には精神の安定期に入る。体も現地の環境に慣れていき、空気が乾燥していても皮脂がよく出るようになり、ワセリンを塗る頻度もしだいに減ってくる。さらに慣れてくると、寝ている時の夢の場面が、日本から滞在地へ変わる。私はその現象が起きると、肉体、精神ともに完全に順応する転換が起きたと捉えていた。

しかし、今回の滞在では二ヵ月を過ぎたというのに珍しく順応が遅い。体重も三キログラムほど減ってしまい、ビュッフェではカロリーが高そうなものを選んで食べているのに、外を歩いただけで寒風にそぎ落とされるかのように痩せていく。インターネットでニュースを見ていると、コロナ感染後の後遺症に関する特集が目に入った。もしかしてと思って記事を読むと、思い当たる症状がたくさんあり、感染して以降、体の調子が元に戻っていないようだった。私の元気のなさは、一緒に町で生活するＫＢや滞在員に伝わっているのか、心配そうに話しかけてくれる人は多い。私が二度もホッキョクグマとニアミスしたことは町全体に伝わっており、バーへ行くとルーンが笑い話に替えて励ましてくれた。ＫＢのサマースタッフは、休日に私のためにボートを出してくれ、大きなタラを釣らせてもらった上、普段は行くことのない湾の奥にある氷河まで観光で連れていってくれた。

精神的には友人達に支えてもらっているが、体力は自分で元に戻すしかない。極地で体力が落ちると、気温が低下する冬場に怪我が多くなることは知っている。この仕事はマラソンのようなもので、現地にいる間は中断することなく任務をやり遂げなければならない。落ちた体力を戻すため、仕事が終わると連日のようにジムへ通いランニングマシンで走り続けた。できれば外を走りたいが、ホッキョクグマにはもう二度と会いたくない上、重いライフルと無線を持って走ることもできない。

夏のジムは、皆忙しくて人が集まらないので、Bandyもサーキットトレーニングもやっておらず、冬と比べて利用者は少ない。窓から白夜の日差しが入る中、色々と思い悩みながら、ひたすらランニングベルトの上を走り続けた。最近は、隣のマシンでＫＢのサマースタッフが走っていることが多く、休憩時間に彼にノルウェー語を教えてもらっていた。時々冗談が混じり、二人にしかわからない「Where is the dog?」という話題で笑ってしまい、レッスンが中断する。以前、二人で道を歩いている時に観光客から聞かれた頓智のようなこの質問に、私達はすぐに理解ができず、犬舎がある方向を案内するも、彼らは違うと話して去っていった。他の滞在員に聞いても、私達と同じように犬だとか、船の着くドックだとか、ばらばらな意見が出たが、結局「Dog」はKBがバーで提供している「ホットドッグ」のことだろうと話が落ち着いた。夏のバーはサービスビルから、蒸気機関車の隣にある木造の小屋に移り、土曜日と水曜日に開かれる。バーの利用は現地で生活している人に限られるが、水曜日はヨットやボートで寄港した少人数の観光客も招かれるため、私達に質問した彼らはバーへ行きたかったのだろう。単純だというのに、観光客にはわかって、現地で生活する人にはわからない奇妙な質問は、今では二人の共通の笑い話になっていた。いつしか走りながら、頭の中に居座るホッキョクグマが、犬に押されて出ていく気がした。

北極からの生中継

極地研では毎年、南極や北極でおこなわれている研究や観測を広く理解してもらえるよう、一般公開を開催している。コロナ禍以前は、サイエンストークや低温室の見学というイベントがあり、大勢の来客で賑わったが、コロナ禍の二〇二〇年は中止となってしまった。以降は、完全オンライン開催を経て、二〇二二年の今年はハイブリッド形式で開かれることとなり、極地研と昭和基地、そして、ニーオルスンの三地点を同時接続して生中継することが決まっている。できれば、カメラを持ちながら町中やサービスビルを散策して紹介したいが、Wi-Fiは使えずLANケーブルの届く場所でしか中継はできない。その上、ニーオルスンではプライバシー保護のため、撮影できない場所があり、撮影範囲は限られている。北極の食事に興味を持つ人は多いに違いないが、残念ながら食堂での撮影は禁止されていた。もっとも、ビュッフェの食事をセンスよく盛り付けるのは難しく、食べたいものを適当に盛っている私のお皿はあまり見せられる状態ではないかもしれない。

撮影できるものが限定されるものの、せめて町を囲む大自然を見てほしく、屋外で中継できないか二階の観測デッキまでLANケーブルを引っぱって思考錯誤した。一人で作業しながら、観測隊時代に昭和基地と私の地元にある図書館とを接続して、生中継したことを思い出す。私がMCとなり、他の隊員達がカメラやミキサーといった役を担当してくれたので、屋外で実験したり色々な部屋を回ったり、やりたいことを増やすことができた。今は一人しかいないので、できることに限りがあり、やりたいことは逆に削りながらシナリオを考える必要がある。

一般公開の当日の天気は、あいにくの雨。観測デッキからの外中継は断念して、リビングの大きな窓を背景に室内から中継することにした。やがてイベントが始まり、最初の挨拶で時差の話をする。日本との時差は、サマータイム中のニーオルスンがマイナス七時間、昭和基地がマイナス六時間ある。ニーオルスンと昭和基地は北と南の端で緯度こそ違うが、経度は割と近いため、双方の時差は一時間だ。まずは昭和基地の説明パートに入ったので待機して、極地研のMCに話を振られたタイミングでニーオルスンがどこにあるか場所の説明から入る。何度やっても一般向けの説明は慣れず、話している間に服の中で冷たい汗がスーッと脇腹をつたっていった。話題は生き物の話に移り、キョクアジサシやホッキョクグマの写真をスライドで見せて簡単に説明する。一つひとつ映像や写真にまつわるエピソードを話していたら時間切れになるので、キョクアジサシの親子の物語やホッキョクグマとニアミスした話はできない。続けて、視聴者参加型クイズの答え合わせ。両極で撮影した太陽の動画が中継画面に表示され、どちらの動画が南極か北極かというクイズを解説する。極地の太陽は現地で見ると水平に動き、南極では太陽が水平線上を転がるように見える時期がある。普段太陽が東から昇って西に沈むという垂直方向の動きを意識していると両極の区別がつかないだろう。答えは、太陽が右から左に動くのが南極、左から右に動くのが北極だ。沈まない太陽を撮影するために徹夜したことや、ちょうどその頃にコロナへ感染して床へ転がっていたことも思い出したが、苦労話も始めると時間が足りない。続けて大気観測の説明をして、最後に一言コメントを入れた後、さようならと手を振って無事に中継を終了した。接続が終わり静まり返ったリビングで、電池が切れたかのように一人ソファーに寝転ぶ。オンライン中継で皆の反応は見えなかったが、現地の状況は果たして伝わっただろうか。私自身は広報担当ではないものの、このような広報活動は研究継続にとって非常に大切と感じている。極地での研究活動を知ってもらい、興味を持ってもらうと同時に、これから極地の仕事に応募する人が増えると理想的だ。そして、応募倍率が上がり、多彩な人材が集まるようになれば、今後の極地研究の発展や継続につながると私は考えている。今回の中継を見た人達が、ニーオルスンという場所を知り、興味を持ってくれることを祈った。

最近、町にはKOPRIのプログラムで北極の研究活動を学ぶために派遣された韓国の高校生達を見かける。アテンドするハドンから彼らを紹介してもらい、そのうち一人の学生が私によく話しかけてくれるようになった。彼を中心に他の学生らも集まってくるようになり、ハドンも交えて日本や韓国、極地のことを色々と話す。学生達は皆、極地の研究に興味を持って派遣プログラムへ応募し、試験やプレゼンを経て、ニーオルスンに派遣されたとのこと。日本にも、こんなユニークなプログラムがあっても良いかもしれない。学生達には、北極研究の現場を知ってもらうとともに、私がニーオルスンで感じた国際観測拠点ならではのグローバルな環境を肌で感じてほしいと思った。

学生達は観測施設の見学や野外活動を終えて、やがて帰国の日を迎えた。学生に付き添っていたハドンも一緒に帰国するとのこと。今度は韓国で会おうと再会を約束した。皆をサービスビルで見送ると、別れ際に学生が「See you again!」は日本語で何と言うのか聞いてきた。「またね!」と答えると、彼らは覚えたばかりの「またね!」を口々に言い、空港行きのバスへ元気に乗り込んでいった。後日、彼らから帰りのオスロのホテルで撮影したというビデオメッセージがファイル便で届き、近況報告の後、最後は日本語で「またね!」と言ってメッセージの再生が終わった。彼らと過ごした短い期間に、特に何かができた自覚はないが、それでも、彼らが笑顔で帰っていったので良かった。将来は極地の研究を目指すと話していた学生もおり、十年後くらいに彼らのうち誰かがニーオルスンへ来て、私の後任の日本人滞在員と話す展開があれば面白いかもしれない。

北極で感じる季節

八月中旬を過ぎると、気温はマイナスとなり、ツェッペリン山に積もった雪は融けずに翌日まで残るようになった。ニーオルスンでは、長い白夜が終わり、ついに夜の時間が来ようとしている。初めて日が出ることを「初日の出」と言うのであれば、初めて来る夜は「初日の入り」という表現になるだろうか。日没を見に、夕焼け空の深夜に港へ向かうと、スリークラウンの山頂は夕日で赤く染まり、いつものように苺のショートケーキを連想させた。北西方向には沈みゆくオレンジ色の太陽が見え、やがて向かいにある岬へゆっくりと消えていった。わずか二時間しかない「初日の入り」の夜は薄明で明るく夜は感じられない。それでも、これからオーロラが見える季節になると思うと少しわくわくした。

前回来た時には、ニーオルスンに明確な季節がないと思っていたが、夏の六月から滞在すると、冬の前に短い秋が明確に存在することに気付いた。緑色の苔は赤茶色に変わり、苔の間からは、赤く小さなキノコが頭をのぞかせる。地面にはキョクチヤナギの綿毛が平坦に広がり、花が全て咲き終えたことを知らせてくれた。植物だけでなく動物達の様相も変わり、キョクアジサシの雛達は立派な風切り羽を持つ精悍な姿となり、南極へ向かう長旅の練習なのか燃料タンクの周りをぐるぐると飛び回っている。いつしか観測所の前で生まれた雛も、この群れにきっと混じっていることだろう。おむつを履いた子どものようにお尻を振って歩いていたカオジロガンも、成鳥となって旅立っていき、あれだけ鳥で賑わっていたバードサンクチュアリには鳥が一匹もいない。鳥類の研究者も鳥達と同じタイミングでニーオルスンを去って行った。来年の夏になれば、彼らは鳥とともにニーオルスンへ戻ってくるだろう。

季節が変わりピークを過ぎたためか、最近はホッキョクグマの出現を知らせる無線がぴたりと止んだ。初めて夏に滞在してホッキョクグマがこれほど多いものかと驚いていたが、この夏は湾内での出現数が過去最高で、二年前の約二倍に増えたと聞いた。ホッキョクグマは、アザラシを捕獲していた海氷エリアから、餌を求めて陸地へ移動しており、ニーオルスン付近が通り道になっている可能性があるとのこと。研究者によるサイエンストークでは、ホッキョクグマが鳥の卵を食べるという、今まで見られなかった行動が監視カメラの画像とともに紹介された。海氷がなくなったからと言って、ホッキョクグマがすぐに絶滅するわけではなく、雑食の彼らは生き延びるために食べるものを変えていく。それは、どの生態系でも見られる珍しくない現象で、食物網は環境に応じて捕食者と被食者のベクトルは変化していく。ただし、そのしわ寄せが、生態系のどこで発生するのかわからない。私達が引き起こした気候変動がホッキョクグマの行動に変化を与えている可能性が高く、今シーズンは暖冬に関わらず、このままニーオルスンに出現しないことを切に祈った。

陸上生態系を研究する日本の研究者と大学院生が到着し、私にとっては夏以来となるストゥファレットでの調査に同行することになった。しばらくホッキョクグマの出現情報が出てないという安心感もあるが、ハドンから教わったことも心の支えとなり、野外活動の恐怖心はすでに消えていた。研究者達と観測機器の交換用バッテリーや機材を担いで、植物が枯れた荒野をひたすら歩いていく。やがて、礫の荒野へ出ると、足元にいくつかの化石を見つけた。このあたりは、氷河が山を削って流出した岩や礫が一面に広がり、その表面には細かい網目や放射状の模様が浮いているため、歩きながらでもすぐに化石とわかる。特に放射状の化石が多く、地質研究をしている観測隊時代の隊長に写真を送って聞いてみると、確定できないものの古生代に生息していたサンゴに似ているとのこと。当時は北極が、今とは真逆の温暖な気候であったことが計り知れる。人類が生まれる以前の、数億年前に生きていた生き物の痕跡を手に取っていると、時代の異なるものに遭遇したような奇妙な気分になる。化石だらけの荒野を抜けて歩いていくと、地表の礫は細かくなっていき、幾何学模様が広がる開けた場所に出た。構造土と呼ばれる地形で、地表が氷結と融解を繰り返すことにより、亀の甲羅のような網目や、さざ波模様ができていく。うっすらと雪が積もったせいか、模様の輪郭がより鮮明に見えて美しい。

二時間ほど歩いて目的地に到着し、研究者が作業している間、私は高台で待機して周囲を見張る。かつてホッキョクグマが通っていった場所を見ながら、夏に起きたことを思い出した。私が立っていると、向かいの岩にトウゾクカモメが止まり、私の動きを警戒するようにこちらを見ている。見張り者同士の無言の時間が流れ、やがて吹き付ける風が冷たくなった頃、雪が降り出してきた。苔の絨毯はみるみるうちに白くなり、そろそろ作業は撤収になりそうだ。この雪が融けずに明日も残れば、いよいよ冬の到来だ。

5

北極から帰る

2022.09.12-12.1

北極で考える

九月に入り、日本の研究者は帰っていった。コロナ禍以降、残念ながら日本の研究プロジェクトは終了が相次いでおり、しばらくニーオルスンに日本の研究者が来る予定はない。研究プロジェクトが減少している理由は様々だが、観測機器をメンテナンスしながら継続してデータを取り、得られた生データを処理するという作業が地道で大変なことはよく知っている。このような研究は、結果が出るまでの期間が長いため、まとまった研究資金も必要だ。特に、現場で観測するには、国際線の高額な渡航費を確保するのにも苦労するに違いない。対照的に、海外機関は夏が終わってもひっきりなしに研究者がニーオルスンを出入りしている。彼らの規模が大きく派手な観測を現地で目の当たりにし、海外の研究者や学生から熱意のこもった研究の話を聞いていると、日本が北極観測に関わる理由を考えざるを得ない。

ニーオルスンでおこなわれている自然環境の研究の多くは、気候変動に関わるものだ。特に北極の温暖化は、地球上の他の地域よりも早く進行すると予想されている。その原因が人間活動で排出された温室効果ガスに起因するのであれば、北極圏の国だけでなく世界中の国が協力して問題を解決する必要があるだろう。北極研究は進行中の温暖化に対して、観測という実態の正確な把握に始まり、私達の生活に直接関連する対策の提言にまでつなげる必要がある。そのためには、私見ではあるが、上流となる現地での研究活動が活発となり、得られた知見が国境や時代を超えて世界中に役立つ記録、つまり、「論文」になることが重要と言える。

ニーオルスンには、「Ny-Ålesund Science Managers Committee」、通称「ニスマック（NySMAC）」という極地研を含め世界の十八機関が参加する委員会がある。年二回開かれる会議では、各機関の研究活動の報告や観測に関する各機関による調整がおこなわれる。私は普段、日本の研究者からの報告をまとめて発表者の資料を作りつつ、オブザーバーとしてオンライン参加していた。各国の活発な活動報告を聞きながら、日本がニーオルスンでできる国際貢献とは何なのか、日本がリードできることはあるのかという今までになかった視点が生まれてきた。国際社会の縮図のようなニーオルスンで、毎日のように海外の研究者や滞在員達から話を聞き、私自身の考えが揉まれてきたに違いない。ニーオルスンに滞在する一人のしがない日本人技術職員という立場で、自分にできることの限界を感じつつ、考えを巡らせる日がしだいに増えてきた。

ある日、食事をしていると見かけない女性が私のテーブルについた。研究者だろうかと思いながら、定型挨拶のような自己紹介をする。彼女が初めてニーオルスンに来たと聞き、ちょうど大気観測所へ用事があったので一緒に行くことにした。初対面の人と話すと、イントネーションの違いから英語の聞き取りに時間がかかる。道中で話しながら徐々に耳が慣れていき、ラマンライダー観測のエンジニアと早合点していたが、実は彼女が「ライター（作家）」ということを理解した。ここ数ヵ月、研究者とばかり話をしていたため、創作活動を目的にアーティストや作家もニーオルスンへ来ることをすっかり忘れていた。彼女は滞在している間、取材のため色々な研究者達の観測に同行し、精力的に活動している。自分の意思で北極へ来た彼女を見て、渡り鳥のような自由さを感じ、何か私の心情に変化が起きた気がした。

海外の滞在員達

ニーオルスンには、キャビンと呼ばれる小さな木造の小屋がいくつも点在している。以前、スキー大会のゴール地点になった場所もその一つだ。この小屋は宿泊可能で、アウトドア好きの滞在員達は土曜日になるとキャビンへ出かけて一泊し、日曜の夕方には帰ってくる。一度は宿泊してみたいが、定期的にサンプリングがある上、一人しか担当者がいない日本の観測所を空けることはできない。CNR（イタリア学術会議）のエンジニアであるアンプレッタも同じような状況で遠出ができないため、休日になるとお互い誘い合って、日帰りでトレッキングへ行くようになった。目的地はニーオルスンにいくつもある氷河で、氷縁に着いたら町へ戻るという短くて安全なコース。日帰りなら、と参加する人も増えてきて、いつしか週末が近づくと地図でルートを調べるようになった。

普段、トレッキングへ行く場所を決める時には、Googleマップよりも地形が詳しく描かれている、NPI（ノルウェー極地研究所）のオンライン地図を使っている。改めて地図を見ると、町から離れた場所にいくつもある単体の構造物は、衛星写真に切り替えるとキャビンだとわかった。町から東へ五キロメートルほどの場所には四つのキャビンがあり、地図には施設名が表示されていない。海外の滞在員から、このキャビンはAWIPEVの管理する観測施設だと聞いて、エンジニアのトミー達に案内してもらうことになった。施設は「コーベル」という名前で、フランスの研究者であるジーン・コーベル（Jean Corbel）の名前から付けられたと聞いた。NPIの観測所も「Sverdrup」と呼ばれており、大気や海洋の研究で有名なノルウェーの研究者、ハラルド・スヴェルドラップの名前が付いている。思えば、各国の観測所には、名称に国の名前が入っておらず、初めてニーオルスンに来た時にはどこの国の施設か混乱したものだった。海岸から近い場所にあるコーベルには陸地を歩くより、海側からアクセスしたほうが早く、AWIPEVのボートに乗って向かう。出港すると、港ではオイルの流出訓練がおこなわれており、訓練用の大きな船とオイルフェンスのフロートが浮いていた。二十分ほどでボートは海岸に到着し、アンカーを下ろした後、エマージェーションスーツを脱皮殻のように脱ぎ捨ててコーベルまで歩く。雄大に広がる氷河の手前に別荘のような木造の小屋が立っており、玄関の壁には本物のスバールバルトナカイの角が付いた、ハンティングトロフィーのようなおしゃれな木のオブジェが飾られていた。小屋へ入ると先客がおり、氷河の観測のため宿泊しているとのこと。ホッキョクグマに遭遇する心配があるものの、観測場所が近いので彼らの研究には格好の拠点だ。町からのインフラ設備は届いていないので、隣接する小屋には太陽光パネルが貼られ、床にはぎっしりとバッテリーが置かれていた。ここには、いくつかの観測装置も設置されており、トミー達は手際よく点検を進めていく。

AWIPEVの管理する観測施設はコーベルの他にもあり、管理する観測機器は私と比べものにならないほど多い。それでも、滞在員の三人は毎日忙しく研究者の対応をしながら、いつも和気あいあいと仕事をしており、きっと女性のステーションリーダーがチームをうまくまとめているのだと思う。ニーオルスンには女性のリーダーが多く、ルーンがノルウェー国内に出張して不在の間、代表者ミーティングの出席者が、私以外は全員女性ということもあった。

ノルウェーでは役員となる男女の割合を一定とするクオータ制があり、ジェンダー・ギャップ指数は世界でもトップクラス。ノルウェーの会社であるKBも役職についている女性職員は多い。海外の研究者やエンジニアも女性をよく見かける一方で、日本から来る研究者や学生は、女性の割合が非常に少ない。極地の研究や観測はハードだと捉えられがちだが、性別は関係なく実際は個人の能力に依るだろう。いつか、日本の女性が代表者ミーティングに交じって、各国の女性リーダー達と笑い合っている光景が見られることを私は期待したい。

トミー達の仕事が終わり、脱皮したエマージェーションスーツを再び着て、ボートへ乗り込む。風はなく、鏡のようになった海面には遅く昇った朝日が反射して輝いていた。

北極で作る日本食

ニーオルスンに来て四ヵ月が過ぎようとしている。細胞は四ヵ月で入れ替わるというので、すでに私の体はニーオルスンで作られた料理で構成されていると言って良いだろう。ノルウェーの食事にも慣れ、朝食には山羊のブラウンチーズが欠かせず、逆にサーモンのマリネは物珍しくなくなり取らなくなった。目玉焼きをトーストの上に乗せ、オープンサンドイッチ風にナイフとフォークで食べる所作も違和感がない。最近は食後に、フィッシュオイルの入った瓶とスプーンが友人達から回ってくる。ビタミン補給のため、ノルウェーではフィッシュオイルをサラダやパンにかける人が多いらしい。オレンジやレモンといった柑橘系の味が付けられているため、生臭さは感じず、私はオイルをジュースに注いで次の人に回した。

ニーオルスンから帰国すると、日本食が恋しくならないかと聞かれることも多いが、私の場合は特に何かを食べたいとは思わない。船や極地での長期間の生活を経て、自由に食べたいものを食べられる幸せをよく知っている分、日本にいる時は食べたいものを好きなだけ食べているからだろう。出張一ヵ月前には、日本食を食べたいと思わないくらいに、東京と横浜で食べ歩きするのも恒例行事だ。今はむしろ、ニーオルスンでしか食べられないものを食べたい。ビュッフェで食事をお皿に取っていると、厨房を担当しているレアから声をかけられ、自家製のキムチを食べるか聞かれた。久しぶりに聞くキムチというワードに驚いたが、もちろんと答え、翌日になるとリビングの冷蔵庫にキムチの入ったジャム瓶と弁当箱に入ったキンパが置かれていた。以前、彼女は日本風の煮卵付きラーメンをメニューに出してくれた。毎日、多彩なメニューが出る中、決して日本人である私一人のためではないものの、馴染み深い料理を作ってくれることは嬉しい。食事は人を元気にすることに改めて気付き、作ってくれた彼女に感謝した。

ニーオルスンでは皆からご馳走になることが多い。私の「極地美味しいものリスト」には、以前食べた韓国の白米に加え、ブラウンチーズを乗せたノルウェーワッフルやイタリアの滞在員が作る本格的なピザが追加されていた。各国の施設を回れば、国際観測拠点ならではのプチ世界食旅行ができるだろう。まだ訪問していない施設は、インドの観測所「Himadri」。日本の観測所の裏にある黄色い建物で、入口に飾ってあるガネーシャ象のレリーフが特徴的だ。二〇二〇年以降はコロナの影響で、しばらくインドの研究者はニーオルスンに来ていなかったが、今年になってようやく現地入りが叶っていた。彼らは日本の観測所にある共用の実験室を利用していたこともあり話す機会は多い。休日の夕食後、インドの研究者がカレーをご馳走してくれるという話になり、アンブレッタとHimadriへ向かう。施設へ入ると、外壁と同じ黄色の広い部屋があり、席に着くと早速カレーをお皿に盛ってくれた。ターメリックライスに香辛料が効いたさっぱりとした辛みのあるカレーで、北極で本格的なインドカレーが食べられるとは思わなかった。追加でマンゴーの漬物も出してもらい、色々とご馳走になってしまった。いつもなら、お土産用に持ってくる日本のお菓子をお礼に渡すが、今回は荷物制限がありもってきていない。彼らにお礼だけ言って、Himadriを後にした。

皆にご馳走されることが多いので、私も何か日本の料理が作れないかと考えていたが、今回は思い付きで持ってきた即席カレーの粉末パックしか手元にない。野菜とお米を厨房から貰い、リビングのキッチンでビーガンでも食べられるように、玉ねぎとニンジンだけを使ったカレーを作ってみた。玉ねぎをよく炒めたので、肉なしでも味は悪くない。お米は穴の空いたビニール袋にパウチされており、お湯でゆでて水を切るタイプ。普段、食堂で食べるお米はパラパラしており、日本風の硬いカレーには合わない。何度か失敗を繰り返し、お米を袋ごと水ですすぎ、一時間浸水してからお湯でゆでる方法に落ち着いた。これなら、きっと美味しく食べてもらえるだろう。早速、レア達を呼んで、皆にカレーを食べてもらった。日本の味が合うか心配していたが、美味しいという感想をもらい、予想外にカレーの鍋はすぐに空になった。

皆が帰った後、冷蔵庫にはラップで包んだ失敗作のごはんが残ってしまった。以前、砕氷艦「しらせ」に乗船してきたオーストラリアの隊員に日本のせんべいを渡して、一瞬でなくなったことを思い出し、インターネットで余りのご飯を使ったせんべいのレシピを探した。レシピを元に夜食のチーズやリビングに残された香辛料、オリーブオイルをお米に混ぜて、平たい円盤状に整える。クッキングシートに載せて、電子レンジでチンするとパリパリのせんべいができた。以前から日本のお菓子を食べてみたいと話していたトミーにジップロックに入れて渡すと、美味しいと喜んでくれた。作り方を教えてほしいと言われて、後日リビングで料理教室を開くことになった。

材料があれば、美味しいものをたくさん作ってあげられるが、ここは北極。その場にある具材で頭をひねって作るのが極地流かもしれない。昭和基地でブリザードが発生し外出禁止令が出た時、宿泊棟にあったコンビーフとマヨネーズで誕生日ケーキを作った隊員を思い出した。物のない極地は、アイデアがものをいう世界だ。

北極を目指す若者

日本の観測所の前にある木道に、ラグビーボール大のモサモサしたものが落ちている。木道を渡りかけると、その物体からひょこっと鳥の頭が出てきた。スバールバルライチョウと気付き、急いで居室にカメラを取りに行く。木道へ戻ると、一羽だと思ったスバールバルライチョウが何羽にも増えていた。茶色い羽から白い羽への換羽中で、枯れ草と薄く雪の積もった背景に紛れて群れでいることに気付かなかった。木道でうずくまっているスバールバルライチョウは、赤い肉冠が付いた目でカメラを構えている私を見ていたが、また首をすぼめて動かなくなってしまった。

十月中旬に入り、あと一週間ほどで極夜に入る。代表者ミーティングでは、ＫＢから「これから冬支度を始める」という冬到来の宣言のようなコメントがあった。ニーオルスンに来るならどの時期が良いかという話題になると、極夜が明けて雪景色が見える三月頃という人が多いが、冬の始まりが感じられるこの時期も私は好きだ。寒すぎない程度にひんやりとした空気、うっすら積もった融けない雪。ビーナスベルトが長く見え、景色がしだいにひなびていく風景に、北極らしい冬の到来を感じるからだろう。

冬支度のため、ＫＢが早速、大雪になっても道路がわかるよう両サイドに蛍光色のスノーポールを立ててくれた。そして、毎年の風物詩のように、スバールバルトナカイが一生懸命に角をポールに擦り付けて倒し回っている。丁度、毛の生えた角袋が取れる時期でかゆいのかもしれない。凍った土にはまだ穴が開いていたので、大気観測所へ向かう道中で彼らが倒したポールを一つひとつ挿し直していった。

町に来る研究者が減ってきたので、食事は皆同じ時間に取るようになり、他の国の滞在員と話す時間も増えてきた。観光客を乗せたクルーズ船は来なくなり、ＫＢの職員達も落ち着きを取り戻してきている。今日も食堂では、滞在員達とＫＢの職員が研究とは違う他愛もない話題で盛り上がっている。時々、若者達の話題についていけないこともあるが、話を聞いていると面白い。ニーオルスンに滞在する人の平均年齢は二十代後半から三十代前半。次に多い世代は管理職の五十代だろうか。私はその中間世代で、現地に同年代は少なく、年齢を聞かれて答えるといつも若者達から驚かれる。そんな時は「日本人は若く見えるから」と決まり文句で返すが、日本人というより、船や極地で働いている人は比較的若く見えるように思う。実際に私が乗船していた観測船では、十歳くらい実年齢より若く見える人が多く、あと数年で定年を迎える船員の若々しい笑顔をよく覚えている。

いつものように、食後にコーヒーとクッキーを持ってテーブルへ戻り若者達の話を聞いていると、向かいのテーブルから来た若い男性から「あの……」と声をかけられた。日本語に驚いていると、彼はＵＮＩＳに通っている日本人学生で、授業の一環でニーオルスンへ来たとのこと。さらに驚くことに、私が記事と写真を担当していた極地研のＳＮＳも読んでおり、ちょうど私がニーオルスンに滞在していることも事前に知っていたという。決して日本で認知度が高いとは言えないニーオルスンだが、頻繁に現地の様子を発信した甲斐があったと純粋に嬉しく思った。彼もまた、ここに滞在している若者達と同じように、極地に興味を持ち最北の地を目指してきたようだ。久しぶりに日本語を話しながら、次の世代のことを考えるようになった。なぜニーオルスンに来たのか？　彼を含め二十代の学生達や韓国の高校生、町に滞在する若い世代から話を聞いて、皆、北極を一目見たいという気持ちがあってニーオルスンへ来ていることを知った。彼らが持つ「見たことがないものを見たい」という人間の根源にある遊牧的な欲求は、挑戦者やパイオニアを生む重要な感覚だと思う。そして、ニーオルスンに来て初めて知る「北極」は、文献やインターネットで知る情報から想像する「北極」とは間違いなく違い、このギャップの中に、「わからなかったことがわかる」というサイエンスに通じる面白さがあると私は思う。北極に夢中になっている彼らを見て、自分が極地で感じる心の躍動感を、彼らと共有できている気がした。

北極を撮る

ニーオルスンで広報用の写真を撮り始めて、四年が経った。きっかけは私の長期滞在に合わせて開始された『ニーオルスンNOW!!』という、一般向けに現地の活動を紹介するウェブページ。掲載用の写真を毎週、数枚ほど撮影する依頼だったが、北極では思いの他被写体が多く、毎日何百枚とシャッターを切るうちに、いつしか撮影はライフワークのようになってしまった。使っているカメラは、中古で買ったデジタルのOM－D。観測機材や重いライフルを持っていても小型でかさばらず、極寒の環境でもしっかりと動く手放せない相棒だ。

UNISの日本人学生がニーオルスンに滞在している間、今シーズン初の大ロラ予報があった。今までにオーロラは数えきれないほど撮影しているが、満足したものは撮影できていない。形や動く速度、光量が全く同じオーロラがないことから、同じ設定でオーロラを撮っても出来上がりの写真は大きく異なる。撮り方によってもオーロラの写真は変化し、シャッター時間が長ければオーロラの色彩は濃く、短ければオーロラの筋や輪郭がはっきりと写り、感度を上げれば肉眼では見えない色が写る。肉眼で見るものと同じではないため、オーロラの写真は撮影者のセンスに応じたアート作品と言えるかもしれない。一方でアート要素が強くなると、私が依頼されている研究の現場を伝えるという主旨から離れてしまうため、画像補正もそこそこに、肉眼で見たものに近く、かつカメラの能力を最大限に発揮できるような撮影を心がける必要がある。

山の裏手で光るオーロラに照らされてツェッペリン山の黒い稜線が見え始めた頃、三脚とレリーズを付けたカメラを担いで日本の観測所の近くにある池へ向かった。アイスランドで撮影されたオーロラの写真を見て以来、水面に反射したオーロラを一度は撮影したく、気温が高く風のない日を待ち続けていた。例年、オーロラの出る時期に凍結している池には、まだ水があり、水面には思い描いたとおりのオーロラが美しく反射していた。暗い中、ホッキョクグマがいないか周囲を見回し、水際に三脚を設置して撮影を始める。普段なら、一度セットしたアングルを変えずに何枚か撮影して帰るが、ふとニーオルスンを去っていった友人達の顔が頭に浮かんだ。彼らは、極地研のＳＮＳに登録してくれており、私がニーオルスンで撮った写真を投稿するたびに連絡をくれていた。この景色を彼らに見せたいという、今まで感じたことのない感情に突き動かされ、もうひと踏ん張りするかのように再びカメラの設定をやり直した。インターバル撮影が終わった頃にカメラを回収し、観測所へ戻って写真を確認する。ノートパソコンの画面には、狙ったとおりのマスターピースが撮影できていた。

良い写真を撮る人は、きっとこのひと踏ん張りがあるのかもしれない。そして、その原動力は、私の場合は私自身ではなく、友人達だったことに気付いた。撮影の翌日、気温は急低下して池は全面凍結した。最初で最後の撮影タイミングを捉え、極地の風景は一期一会だと改めて認識した。

ある日、広報用の写真を撮りに港へ行くと、珍しく湾内に大量の海氷が浮かんでいる。海岸では、薄いガラスのような海氷が波打ち際で寄せては引いていき、楽器のようにシャラシャラと音を立てていた。しばらく動きを見ていると、海氷は潮の流れとともに湾外へ移動していく。北極海や南極海では海氷をよく見たが、ニーオルスンで大量の海氷が見られるのは珍しい。スバールバル諸島は、西側に暖流の北大西洋海流が流れていることから、北極圏の同緯度の地域より温暖な場所として知られている。その影響か、海に浮いている氷のほとんどは海氷ではなく氷河から崩れた氷だ。氷河の氷は海氷と比べてサイズが大きく、気泡の少ない透き通った氷は赤色を吸収して青く見えるので、白っぽい海氷とすぐに区別できる。海水や日射で融けた表面の形状も独特で、槌目模様の凹凸が光に反射して美しい。マンネリな表現ではあるが、氷河の氷は「ガラスの彫刻」という例えが一番しっくりとくる。

暴風の翌日、氷河の氷が漂着していることを期待して、カメラを持って海岸へ向かった。予想通り波打ち際には、私の胸くらいの高さがある大きな氷がいくつも打ち上がり、満月の光で青白く輝いていた。海岸に降りると、氷と一緒に漂着した昆布のような海藻が、ロープのように硬く凍り足に絡みついた。瞼の感覚からして、気温はマイナス二十度以下まで下がっているだろう。融けることのない氷に夢中になり、気温も時間を忘れて撮影を続けた。湾の奥からボゴッという鈍い轟音が聞こえて、そろそろ帰ろうかと時計を見た。きっと氷河が崩れたか、亀裂が入った音だろう。

ニーオルスンからの脱走

極夜が近くなり、昼間もだいぶ薄暗くなってきたが、ヘッドライトはまだ必要ないほどの明るさだ。九月から始まった週末のトレッキングも天気が良ければ続けており、日帰りできる範囲の氷河は回り終えていた。ある休日、トミーに誘われて、ニーオルスンの向かいにある島へボートで向かった。彼は私が一度も島へ渡ったことがないという話を聞いて、日帰りのツアーを計画してくれたのだ。極地研には事前に連絡したものの、何となく脱走するような変な気分になるのは、六月に来てから初めてニーオルスンの外へ出るからかもしれない。港に停泊するボートも冬支度で陸に引き揚げなくてはならないため、島へ行けるのは今シーズン最後のタイミングだ。

ニーオルスンを出て海峡を渡り島へ上陸すると、海沿いに三角屋根のキャビンがあり、周辺にはリベットが付いた錆びた金属タンクや滑車のようなものが散らばっていた。スチームパンクのような風景が広がるこの場所は「ニーロンドン」と呼ばれており、炭鉱時代は大理石を採掘していたという。後でキャビンに寄ろうという話になり、島の山頂を目指して傾斜を登っていく。山の中腹まで上ると、正面にミニチュア模型のようなニーオルスンの町並みが見えた。普段は飛行機から見える光景を、向かいから見るのは初めてだ。改めて遠くから見ると、周囲に連なる大きな山に対して町の規模はとても小さく、北極の小さな町に人が住み、地球の未来を考えていることに、「小さな巨人」という言葉が自然に思い浮かんだ。島の頂上へ到着し、ニーオルスンの反対側を見ると視線の先には巨大な氷河が広がっていた。この氷河は島の陰に隠れており、町からは見ることができない。曇り空の氷河は、太陽光を浴びた時に見られる鮮やかな青味はなかったが、寒さがこちらにも伝わってくるような青白さと荘厳さがあった。

次はどこを目指そうかと話していると、トミーがリュックに取り付けていたフレアガンを落としたと言う。麓の来た道を見下ろしても見当たらず、GPSを持ってこなかったことに後悔したが、運よく雪の上に私達の足跡が残っている。一時間ほど足跡をたどり、フレアガンの入ったケースを無事に見つけた。結局、山の中腹まで降りてきてしまったので、海岸のニーロンドンのキャビンへ戻ることにした。キャビンには電気がなく、暗闇でヘッドライト越しに吐いた白い息が目の前を真っ白にする。燭台に火を灯して、ようやく部屋の中が見えるようになった。木造のテーブルと椅子が並ぶ古い西洋風の部屋で薪ストーブを焚き、しばしの間、二人で暖を取った。トミーに芳名帳を渡されて名前とメッセージを書く。普段、行き先で痕跡を残すことはあまりしないが、次にここへ来るかもしれない若い世代の日本人を想いながらメッセージを書いた。そして、私がここへ来ることはもうないかもしれないと、ふと思った。

トレッキング仲間のアンブレッタは任期が迫り、交代する滞在員との引き継ぎで忙しそうだ。彼女とは、ストゥファアレットにあるテーブルマウンテンの上へいつか行こうと約束していたが、お互いの予定が合わぬまま冬を迎え、ようやく日程が合った頃には平地に雪が積もってしまった。休日の朝、ブランチ前にストゥファアレットへ向かって二人で雪道を歩く。気温はマイナス十度くらいだが、先週までもっと気温が低かったせいか、普段より暖かく感じる。道中の滝はつららを固めたように凍っており、池には厚い氷が張っていた。雪の積もった平地を歩きながら会話をし、山の斜面になるとお互い黙ってラッセルしながら雪山をジグザグに登り、平地に戻ると再び会話が始まる。お互い夏から滞在しており、同じエンジニアという立場もあって話が合う。仕事の話をしていると彼女から、「あなたは一人で滞在したことで、得たものが大きいよ」と言われた。イタリアは定期的に研究者や大学院生がニーオルスンを訪れるため、滞在員が一人になる機会は少ない。私の場合、一人で滞在している時間が長く、ＫＢや他の滞在員と接する機会が多いので幸せだという。確かに、いつも困った時には彼女を含め皆に助けてもらっている。ニーオルスンに来た当初は、一人の滞在が不安で日本の研究者がいない時には孤独を感じることもあったが、仕事やトラブルを通して、そして、ニーオルスンを去った事務長を始め友人達の後押しもあって、今の人間関係を築くことができた。ただ、思い返すと、孤独を感じていた時期は、私が「日本人」というアイデンティティに拘っていた頃かもしれない。国ではなく、個人のキャラクターが優先される状況に長く浸り、小さな町で凝縮したグローバリズムにさらされたせいか、今の私は国籍が解けてしまったように思える。ニーオルスンで暮らしてから自然と使わなくなった「〇〇人」という表現を使うならば、他の滞在員と同じ「ニーオルスン人」になったというのがしっくりくる。

二時間ほど歩き続け、ようやく念願のテーブルマウンテンの上に到着した。夏には崖にパフィンという海鳥がいるが、すでに冬を迎え生命の気配は感じられない。五十メートル以上はある崖の下には、雪の積もった平原が左右に広がり、その先には群青色の海と白い山脈が続いていた。地球の果てにあるニーオルスンの、さらに果てまでついに来ることができた。

地衣類が生えてオレンジ色になったケルンに手をかけて、お互いに記念写真を撮り、目的地に到着できたことを喜んだ。そして、彼女がニーオルスンを去る前に約束を果たせたことに安心した。到着も束の間、地平線のビーナスベルトが濃くなり、早くも夜が近づいている。夜に追い越されないよう、急いで町へ戻ることにした。

帰り道、往路で彼女が靴のスパイクを失くしたと聞き、GPSの履歴と雪道に付いた足跡をたどりながら、餌を探すホッキョクギツネのように下を向いて落とし物を探す。やがて、足跡の列上に落ちているスパイクを発見し、彼女は宝物でも見つけたかのように喜んだ。北極で落とし物をしたら二度と見つからないと思っていたが、トミーのフレアガン然り、意外と見つかるものだ。「意外と」というのは、極地で生活するとよく感じる感覚で、これは極地という制限のある地で、まだ環境をしっかりと捉えられていないことを示しているのかもしれない。悲観視と楽観視を天秤に載せると、私の場合は悲観視に傾くものの、北極では「意外と」楽観的に物事が解決するようだ。

帰るべき場所

十一月に入り、残りの滞在も一ヵ月を切った。この時期にしては外気温が四度と異常に高く、外へ出ると空気が生暖かく感じる。昨年、滞在していた頃は、車がスタックするほどの大雪だったというのに、今年は雪が融けて地表の土が見えている。雨ばかりが降るので、道路はシャーベット状の雪と轍にできた水たまりでグズグズになっていた。と思えば、その後は気温が急降下し路面はスパイクなしで歩けないほどにツルツルに凍結してしまった。窓から見えるホッキョクグマの雨垂れは、よだれが凍ってつららに変わり、髭を生やしたかのようになっている。ふと、スバールバルトナカイが餓死するという研究を思い出し、冬明けに個体数が減少しないか気になった。温暖化の影響と言うには早計だが、今月の最高気温は十一月の観測史上最高気温を更新するかもしれない。

大気観測所で、いつものように大気のサンプリングを開始し、小箱からガラス容器を取り出してポンプにセットする。紙箱に貼られたラベルシールに日付と名前を書こうとした時、シールの下地に私の古い書体のサインが透けていることに気付いた。ラベルシールは地層のように重ね貼りされており、以前、私が採取した大気サンプルが日本での分析を終えて、また同じガラス容器がニーオルスンへ戻ってきたようだ。二〇二〇年以降は、不格好な筆記体のサインから、フランス出身の滞在員に教わったカリグラフィー要素の入ったサインに変えたため、いつ頃に私がサンプリングしたボトルかすぐにわかる。思えば、この四年間、ずいぶんと空気を採った。昭和基地でのサンプリングも合わせると、百本以上は採ったに違いない。そして、この作業もそろそろ終わりが近づいている。

任期を迎えたKBのスタッフを見送り、そして、トレッキング仲間のアンブレッタを見送り、最近はいい加減に見送り疲れのようなものを感じている。九月頃から幾度となく友人達を見送ってきた一方、相変わらず私はニーオルスンに残ったままだ。皆と別れを交わしたレセプション前のロビーには、KBのアドバイザーが世話していたピンクのバケツに入ったアボカドの植木が置かれていた。北極に残されても育っていく姿を見ていると、何だか元気付けられた。

町では週末にオクトーバフェストやニーオルスンが舞台となったアニメのプレミア上映会があり、毎週イベントが開催されている。イベントが終わった後、音楽が流しっぱなしになっている会場に残っていると、ベガードが私を呼んでノルウェーの古い曲を流してくれた。聞くと、遠い国で暮らす人の曲だという。一緒に歌おうと肩を組まれ、二人でマイクのあるステージへ出ると会場にいる皆が一緒に歌ってくれた。長く滞在している私に、皆が何かを察してくれているように感じた。

いつしか、ニーオルスンは第二の故郷となり、あまりに現地に順応しすぎたのか、帰国まで一ヵ月を切ったというのに日本へ帰る気が起こらない。本当に帰れるのだろうかと自分で自分が心配になってきた頃、NPIを退職したエンジニアから久しぶりに連絡が入った。

「ニーオルスンにまだいるの?」と聞かれて、「もうすぐ日本へ帰る」と返信した。「家に帰るのが楽しみだね」と返ってきて、少し考えた。帰りたい気持ちと残りたい気持ちが拮抗している。「どっちが家なのかわからなくなってきて……」と正直に伝えると、「わかる。でも、それはあまり良い状況じゃないね」と心配そうな顔の絵文字が付いたメッセージが返ってきた。答えは明確で、私の家は日本にある。はっと我に帰り、ニーオルスンにはいつまでもいられないことを改めて思い出した。昭和基地も同じく、どれだけその土地を愛していても、ここで一生涯を送ることはできない。彼女とのやり取りで、スイッチが入ったかのように日本へ帰らなければと思い始め、帰るべき場所へ戻るよう私の背中を押してくれたことに感謝した。

ニーオルスン最後の日

早朝から荷物をまとめて、約六ヵ月過ごした居室の掃除を始める。床にしゃがんでベッドの下に溜まった綿埃を掃除機で吸いながら、コロナにかかり床へ転がっていた時に見た光景を思い出した。ついに帰国の日を迎えたが、思い残すことはない。ニーオルスンにある施設も回り終え、新設のVLBIの中も帰国二週間前に見学ができた。最後のサンプリング、最後のラベン、最後のオーロラ。「最後の」という枕詞が付くことは、皆への挨拶を残して全て終わっている。

洗面台の鏡の前に、部屋の清掃スタッフが受け取ってくれることを期待してホッキョクグマの折り紙を置く。以前、食堂で折った時は皆に死んだウサギに見えると笑われたが、今では綺麗に折れるようになっていた。荷物を持って観測所を出て、いつものように宿泊費の清算を済ます。十五時過ぎになり、出発時刻に合わせてサービスビルに見送りの人が集まってきた。今日、私がニーオルスンを発つことを知らない人もいるかもしれない。出発の前週に、トミーから私のフェアウェルパーティーを開こうかと言われたが、会うのが本当に最後になってしまうような気がして断っていた。サービスビルで皆と順番にハグをして、「Good Bye」ではなく「See you again!」と言い、バスの格納スペースにつながる「Departure」と書かれたガラスドアを開けた。たった一枚のガラスは送られる側と送り出す側の境界であり、いつも送り出す側だった私が、ついに送られる側に変わったことを認識した。飛行機はニーオルスンを離陸し、極夜の闇に吸い込まれていく。窓から見える小さな町の明かりは涙でにじんで見えなくなった。また泣いてしまった。これでニーオルスンへ来るのは最後だろうと、暗に思った。

ロングイヤービンへ到着し、ＵＮＩＳのゲストハウスがメンテナンスで予約できなかったので、以前フライトの前倒しでキャンセルしたホテルへ向かった。昔の炭鉱をイメージしてデザインされた趣向の凝ったホテルだが、できれば今はＵＮＩＳに泊まって部屋に置いてあるタオルアートをもう一度見たい気分だ。夕方にＵＮＩＳの日本人学生と会う約束をしており、一足先に待ち合わせ場所のスーパーへ入ると、冷蔵コーナーの前に見慣れた顔がある。ポーランド語の乾杯を教わった建設会社の社員だった。ロングイヤービンで仕事をしており、来週母国に帰るという。偶然の再会に驚くが、私は昔から、会いたい人に会える才能があったことを思い出した。やがて待ち合わせの時間を迎え、学生とレストランへ入った。話したいことは山のようにあり、夜更けのない極夜にかまけて、いつまでも話していたかった。

翌日、ロングイヤービン空港からオスロへ飛び、コロナ禍に宿泊した無人カウンターのあるホテルへ向かった。もう外務省からの入国規制の連絡に翻弄されることはない。街を歩く観光客らしき人を見ながら、ホテルでの長い隔離生活を思い返した。翌日、オスロ空港からヘルシンキを経由して羽田空港行きの便に搭乗する。本当に日本へ帰るのか、実感がわかない。以前、緊急帰国した時に感じた心残りの感情とも違って、ニーオルスンに魂を落としてきた感覚だ。北極での落とし物は雪道をたどれば見つかるが、今回はさすがに見つけるのは難しいだろう。体がふわついたまま、何とか自宅へたどり着いた。

極地へ行く理由

横浜線の通勤電車。朝の車内は混雑しており、北極にはない様々な匂いが充満している。鼻の奥が痛くなって、抱えたリュックからマスクを取り出した。日本の生活に順応するまでには、まだ時間がかかりそうだ。満員電車にはさらに人が乗り込んできて、「テレフォンパニック」という昔のおもちゃを思い出した。人型のスポンジを公衆電話ボックスの形をしたケースへ入れていき、限界を迎えるとケースが弾けるというゲームだ。人が面白いほどに際限なく乗ってくるので、車両がこのまま弾けないだろうかとどうでも良いことを考えて気を紛らわせた。

帰国して二週間が過ぎ、極地研で出張の残務処理や報告書の作成を進める。帰ってきた本人は興奮冷めやらぬまま、職員達ととる昼食の時間はニーオルスンの話をしたくてたまらない。それでも、平静を保ってあまりしゃべらないようにしているのは、以前南極から帰ってきた時に、南極の話ばかりをして失敗した経験があるからだ。私の頭の中はいつも極地で一杯になっているが、日本で普段暮らす人の頭の中はそうではない。仕事を終えて、混雑のピークが過ぎた中央線で家へ帰る。駅のホームで電車を待ちながら、耳栓をするかのようにBluetoothのワイヤレスイヤホンを耳に詰めて、出張中に作った音楽フォルダを再生した。

曲が流れると、宇宙船のようなリビングにいた時、ラベンの倉庫で一人ゴミ捨てをしていた時、コロナに感染して部屋に隔離されていた時の映像が頭の中に次々と再生された。時計を見ながら、意味もなくニーオルスンの時刻に合わせているデュアルタイムの針をチェックした。電車を降りてスーパーに寄り、今日の夕食は何にしようかと、自由にメニューを選べる幸せを感じながら、好きなものをカゴへ入れていく。買い物袋を持って家へ続く坂道を歩き、空を見上げると月が出ていた。極夜のニーオルスンで皆と太陽は共有できないが、月なら共有できる。かつて作り物のように見えたニーオルスンの沈まない月を思い出した。

次にニーオルスンへ行く予定は決まっていない。恐らく人生に交差したニーオルスンはもう私から離れていってしまった気がする。そんなことを思っていると、交流のあった韓国の高校生から卒業旅行で日本へ来ると連絡が入り、横浜で会う約束が急に決まった。現地で出会った作家からも連絡があり、東京へ寄る際に極地研の科学館まで来てくれるという。私の意思とは関係なく、ニーオルスンの意思は動き続けており、ニーオルスンで落としてきた魂は、皆がばらばらになった欠片を拾って日本まで持ってきてくれるようだ。

なぜ極地へ何度も行きたくなるのだろうかという問いに対し、今では「生」を求めてという理由がなくなっている。いつしか、私の中での極地は、地球上に散らばった友人達を、極点に収束する経線のように一直線につないでくれる再会の場所となっていた。それは、世界が収束する極地で、幾度となく再会を繰り返して気付いたことだ。あえて極地へ行く理由に「生」という言葉を紐づけるのであれば、きっと、極地という「生」の感じられない「死」の世界で、私自身の「生」ではなく、ともに極地を生きた彼らの輝く「生」を感じることができるからに違いない。

ニーオルスン到着間近の飛行機から。夏には観光客がひっきりなしに訪れ、
港にはクルーズ船が停泊している

大気観測所からの帰り道にキョクアジサシから威嚇される海外の研究者。
この道を通らなければ町の中心部には戻れず、攻撃は避けられない

渡り鳥が営巣し植物が繁茂する夏のニーオルスンでは、道路外を歩かないよう注意喚起する看板が至るところに立てられる。キョクアジサシが番人のように看板へ止まっていた

赤紫色の花を咲かせるムラサキユキノシタ。1センチメートルほどの小さな花が一斉に咲くと、北極の荒野に花の帯ができる

ラベンの裏には、花畑と言えるくらいに様々な花が咲いている。花の命は短く、次に観測で訪れた時にはすでに枯れていた

深夜の港から見えた「初日の入り」。2時間後には日の出を迎えるため、茜色の空が
夕焼けなのか朝焼けなのかわからない。ついに夏が終わり、冬が始まる

ストゥファレットでニアミスしたホッキョクグマ。海上にいる私達に視線を向け、
やがて崖の奥へ消えていった

木道に佇んでいたスバールバルライチョウ。ブーツを履いているような太い足をしており、もこもことした姿が可愛らしい

野外観測の途中で見かけたスバールバルトナカイ。両耳にはピアスのような個体調査用のタグが付けられている

サービスビルの前から撮影したビーナスベルト。
肌を刺すような凍てつく寒さの中で、優しい風景が続く

幾何学模様が特徴的な構造土と呼ばれる地形。模様に沿って凹凸があり、
くぼみに雪が積もっている。長い年月をかけて作られた、自然の芸術だ

ニーロンドンから、トミーが海峡を挟んで反対側にあるニーオルスンの町を撮影している。
周囲の壮大な地形と比べて、町の小ささを改めて実感した

ストゥファレットのテーブルマウンテンにあるケルン。その先は急な崖となり、
麓には雪で覆われた苔の湿原がある。崩れると怖いので、ケルンに新しい石は積まなかった

池の水面に反射したオーロラ。条件が一致しないと撮影できないこの光景を、次に見ることはもうないだろう。北極の風景は一期一会だからこそ、大切に撮影したい

おわりに

二〇二三年十一月五日、富山市。自宅からは、朝焼けで茜色に染まった空を背景に、立山連峰の黒い稜線が見え、荒々しく尖る峰は、かつてニーオルスンで毎日のように見た、氷河で削られた山の風景を思い出させてくれます。

ニーオルスンの仕事を自ら離れ、移住先として選んだ富山。私が生まれ育った北陸独特の鉛色の冬空は北極の空とよく似ており、ここが遠く離れたニーオルスンの空とつながっていることを実感できます。風景を見ては、執筆を進め、手が止まると、また窓に目を向け――。日本で一番ニーオルスンに近いと思える北陸の風景は、この本の執筆の支えとなってくれました。

やがて、季節の移ろいとともに立山連峰の残雪が消え、山頂が雲で覆われる頃、文章をタイプする手がしだいに止まるようになりました。極地から帰ってから数年間続く、極端な夏バテのせいもあるかもしれません。そんなスランプのような時期へ入った時、元KBのマリンが、はるばるロングイヤービンから私を訪ねに来ました。日本各地を回っているという彼女を車で飛騨高山まで迎えに行き、観光しながら富山へ。新緑のまぶしい田んぼの中を運転しながら、北極にいたはずの友人が助手席に座っている状況は、夢を見ているような不思議な気分です。

スバールバルからのお土産は、私がリクエストしたノルウェーコーヒー。決して、北極ならではのお土産ではないのですが、食堂でよく飲んだコーヒーを久々に飲みたくなったのです。自宅に帰ってさっそくコーヒーを淹れて一口飲むと、当時の記憶が蘇えりました。現地で初めて一人の滞在となり、紙コップで持ち帰って飲んだこと。しだいに友人が増えていき、食堂で話しながら飲んだこと。サービスビルで友人を見送る前に、飛行機の時間を待ちながら飲んだこと。コーヒーを入れたカップを持ってパソコンの前に座り、再び執筆を始めました。彼女もまた、ニーオルスンに落としてきた私の魂の欠片を持ってきてくれたようです。

時々、自分が携わってきた観測の仕事について考えることがあります。観測技術者とも呼ばれるこの職業は、極地へ行くといっても、冒険家のような開拓者的な存在でもなく、わからないことを探求する研究者とも違います。依頼を受けて極地へ行き、日本へ帰国するまでマラソンランナーのように止まることなく作業を続ける。一人っきりで現地に滞在する場合は、観測だけではなく、除雪から広報活動まで、依頼を受ければ何でもやるゼネラリストであることも求められます。

何もない雪道を歩きながら私自身の目的が何なのか悩むこともありますが、この職業であったからこそ、海洋や大陸、宇宙に至るまで地球上の様々な研究テーマに携わることができたのは確かです。非力ながらも研究に関わり、知識がしだいに増えていくことが楽しくて、長年続けてきたのかもしれません。そして、技術職員という立場でなければ、ニーオルスンに長期滞在することもなく、多くの友人達に出会うこともなかったでしょう。帰国した今でも、私を訪ねに来てくれ、頻繁に連絡をくれる友人達は、この仕事で得たかけがえのない財産です。

そして、国際観測拠点というグローバルな環境は、限られた文化を生きてきた私を世界とつなげ、広い視野を与えてくれました。バックグラウンドが異なる各国と協力して、問題を解決するにはどうすれば良いのか。現地で起きるちょっとした問題が解決される様子を見ながら、時には問題に巻き込まれながら、考える機会が増えてきました。

貧困、飢餓、差別、気候変動、そして、進行中の戦争。現代には残念ながら、解決すべき問題が山積しています。このような問題の解決方法に、私が目を向けて考えるようになったのも、ニーオルスンのおかげだと思っています。

本書は、「はじめに」で前述したとおり日記を元にした文章ということもあり、明確なメッセージはないかもしれません。それでも、この本が「ニーオルスン」に興味を持って頂ける一つの機会になることを期待しています。そして、北極の小さな町で、世界各国の人が暮らし、観測が続けられていることを知ってもらえれば幸いです。

最後に、ニーオルスンでの業務という貴重な機会を頂き、国内から支援頂いた国立極地研究所の皆様、現地で私を支援頂いたノルウェー極地研究所ならびに海外の研究機関、Kings Bayの皆様に御礼を記したいと思います。

そして、現在も観測のため極地に滞在している人々へ、心より敬意を表します。

松下隼士

[ニーオルスンのその後]

◯ラベンの銘板（新鰻入江観測基地）は、2023年に取り外されました
◯ラベン横のVLBIアンテナは2022年に撤去され、
　新設のアンテナが運用されています

[参考文献]

『北極ニーオルスン基地開設25周年と将来展望』
大学共同利用機関法人　情報・システム研究機構　国立極地研究所
国際北極環境研究センター
ニーオルスン基地開設25周年記念誌ワーキンググループ／2017

『スヴァールバルの地質』
ノルウェー極地研究所／2007

『Ny-Ålesund』
The Governor of Svalbard and Department for Environment Protection
with Kings Bay AS／2016

『南極と北極の総合誌「極地」　第59巻第1号（通巻116号）』
公益財団法人　日本極地研究振興会／2023

大学共同利用機関法人　情報・システム研究機構　国立極地研究所
北極観測センター　ニーオルスン基地サイト
https://www.nipr.ac.jp/aerc/kyodo/Ny-Alesund.html　2024.10.1参照

Ny-Ålesund Research Station
https://nyalesundresearch.no/　2024.10.1参照

KINGS BAY
https://kingsbay.no/　2024.10.1参照

Topo Svalbard
https://toposvalbard.npolar.no/　2024.10.1参照

Visit Svalbard
https://en.visitsvalbard.com/　2024.10.1参照

［プロフィール］

松下 隼士
Junji Matsushita

石川県金沢市生まれ。大学卒業後、
海洋地球研究船の乗船技術者として
世界各地の海洋観測に従事。
その後、大気観測の技術者を経て、
南極地域観測隊の夏隊、越冬隊、
東京海洋大学の南大洋航海に参加。
気候変動の研究観測に携わった経験を活かし
環境NPOにて活動する。
2019年より北極圏スバールバル諸島にある
ニーオルスン国際観測拠点に長期滞在し、
世界各国の滞在員と生活しながら
研究観測に従事。2023年に富山へ移住。

写真提供　大学共同利用機関法人
情報・システム研究機構
国立極地研究所

デザイン　吉村雄大（Paare'n）
イラスト　宮川海奈
協力　小林美和子
印刷・製本　シナノ印刷株式会社
編集　益田 光

オーローラの下、北極で働く

2025年2月26日　初版第1刷発行

文・写真　松下隼士

発行者　安在美佐緒
発行所　雷鳥社
〒167-0043
東京都杉並区上荻2-4-12
TEL 03-5303-9766
FAX 03-5303-9567
HP http://www.raichosha.co.jp
E-mail info@raichosha.co.jp
郵便振替　00110-9-97086

ISBN 978-4-8441-3812-9 C0026